议论文三步上篮

申元初 编著

贵州出版集团
贵州人民出版社

出版说明

兴趣是最好的老师，知识的学习更是如此。如果学习者缺乏兴趣，阅读就将是一个枯燥无味的过程，轻松快乐的学习也就无从谈起。基于这样的事实，本着"兴趣阅读、快乐学习"的理念，我们经过深入调研，与国内的众多专家学者及一线教师全力合作，为所有希望将学习变得轻松愉快的朋友奉献上"快乐阅读"书系。

"快乐阅读"书系，以知识的轻松学习为核心，强调阅读的趣味性。它力求将各种枯燥无味的知识以轻松快乐的方式呈现，让读者朋友便于理解接受。它的各种努力，只有一个目标，即力图将知识学习过程轻松化、趣味化。读者朋友在阅读过程中，既能保持心情愉快，又能学有所得。在轻松愉快的氛围中学习，让知识学习成为读者朋友的兴趣，本身就是提高学习效率最有效的途径。

"快乐阅读"书系首批图书分为"语文知识"、"作文知识"、"数学知识"、"文学导步"、"文学欣赏"、"语言文化"、"个人修养"七大板块，各个板块之下又有细分。英语、生物、化学等相关的知识板块将会在以后陆续推出。针对不同学科知识的特点，本书系以不同的方式来达到轻松快乐的目的。要么是以故事的形式，在故事的展开之中融入相关知识；要么是理清该知识点的背景，追根溯源，让读者朋友知其然，更知其所以然，让理解更为轻松。总而言之，就是以最恰当的方式呈现相关的知识。

希望这套"快乐阅读"书系能陪伴每一位读者朋友度过美好的阅读时光。

编　者

2020年10月

目　录

开卷交代　　　　　　　　　　　　　　　　　　　　001

引子：拜师备战议论文征文比赛　　　　　　　　　　001

第一章　"匠心独具"的论点才有价值

　　——写作小组一遇波折，论点确定有原则　　　　005

　　小结：议论文的概念、要素及论点要求　　　　　　014

第二章　"切合主题"的论据最有力量

　　——写作小组再遇波折，论据须"实实在在"　　　017

　　小结：议论文的论据　　　　　　　　　　　　　　048

第三章　"严密与巧妙"的论证方能说服人

　　——写作小组三遇波折，论证要严密、富于变化　　050

　　小结：议论文的论证方法和写作技巧　　　　　　　066

尾　声　　　　　　　　　　　　　　　　　　　　　072

附　录　　需要延伸阅读的议论文　　　　　　　　　075

开卷交代

议论文是青少年朋友学习的几种作文体裁中,比较困难的一种。它不仅考察作者的思辨能力,还考察作者的理性思维、逻辑思维能力以及作者的世界观和文化修养。可以说,议论文就是作者思考能力的文字表现。因此,在引导青少年朋友进行议论文写作的时候,最重要的,当然是培养青少年朋友们的思维,提升其文化内涵的修养。

本书的主体是引人入胜的故事。在故事中,作者将议论文写作的知识和技巧融入其中,读者朋友们读完故事,自然就对议论文写作的知识、技巧有一定的领会。本书整体上分为三个部分:一、怎样确定议论文论点;二、什么样的论据才是最有力量的;三、论证的过程有哪些方法和技巧。掌握了这三个方面的内容,那要写出一篇优秀的议论文就是小菜一碟了。

本书是引导青少年朋友进行议论文写作的一次有益尝试,它的最大特点就是将枯燥、死板的教条式理论变成活泼的形式,尽量使用俏皮、轻松的语言,让议论文的知识变得可亲可近,可触可感。本书作者从事过大、中、小学的写作教学,具有四十多年的教学经验积累,本书的编著,是作者四十多年教学经验的形象总结,也不妨说,是作者四十多年写作教学中,进行过有益尝试的一种形象归纳。书中将"读书——讨论——笔记"作为一种"最佳阅读方式"来展示,对于热爱写作、学习的青年人无疑更具有启发意义。

引　子

拜师备战议论文征文比赛

晚饭后,宋明明家的门忽然被砰砰砰地拍响。

宋明明的妈妈一边过去开门,一边说:"谁这么肆无忌惮呀?"

"姨妈好!"一个满头大汗的年轻人站在门口。

"噢,辰浩呀,怪不得,快进来快进来!"

宋明明把姜辰浩拉到自己的房间里。姜辰浩抓起餐巾纸擦汗,手还在额头上,另一只手又去抓宋明明的水杯。

宋明明疑惑地问:"没事吧,青蛙遇见恐龙啦?"

姜辰浩一下躺在沙发里,还没说话呢,又蹦了起来:"学校不是举行议论文征文大赛吗?"宋明明说:"啊,哪个班不知道啊!噢,莫不是,你们班的马桶文章,你也有份?"

姜辰浩叹了一口气说:"谁说不是,谁叫平时老冒充写作老鸟呢。现在好了,我们老大非要推举我作为重点参赛选手之一,还说什么辰辰啊……"

宋明明不待姜辰浩说完,大笑:"辰辰?哈哈,人称高一(3)班班主任是个犁女,真有

姜辰浩

你的!"

姜辰浩"切"了一声:"算了吧。她把宝都押在我这里,搞得我'鸭梨山大'。再说,我们班上那些菜鸟们,都把我当余秋雨捧着呢,搞不好,脸也丢大了不是?"

宋明明说:"那你找我干吗呀,我会写文章?"

姜辰浩说:"哎呀,不是三个臭皮匠赛过诸葛亮吗,况且你就是诸葛亮啊。谁不知道,宋明明,宋明明,诸葛孔明。你就得给我出一个主意,怎么打一个有把握之仗?"

宋明明说:"好吧好吧,不怕拍砖的,就怕灌水的。谁叫咱们是老铁呢!我给你介绍一人做做辅导,包你三步速成,独孤求败。"

姜辰浩说:"没吹牛吧!你还认识风清扬?"

"在我眼里,那就是一个风清扬,我——老叔!"

姜辰浩与宋明明讨论如何参加征文大赛

"你叔叔?怎么没听说他老人家当过老师?"

宋明明大声说:"哈,要当老师的干什么?你知道我叔叔是干什么的,知道省报上那些雄文,有多少是他敲出来的吗?"

姜辰浩就拜了宋明明的叔叔为师傅。

拜师就要举行拜师宴。第二天,宋明明的叔叔和他们在"天为食"酒楼摆宴,只是,埋单的是宋明明的叔叔。叔叔穿一条黑色的休闲裤,扎一件白色的纯棉衬衣,脚上蹬一双吉普休闲鞋。姜辰浩和宋明明跟着叔叔大摇大摆进了酒楼。

一位引导小姐把他们带进了一个小包间。三人坐定。包间服务小姐就端上一壶普洱茶,给三人倒上。

小姐弯腰退出了房间。宋明明的叔叔就问:"搞议论文大赛?"

"嗯。"

叔叔却忽然把脸转向宋明明:"我说宋明明,你怎么就没有参加比赛呢?"

宋明明愣了一下,嬉皮笑脸地说:"叔叔,我在班上,那是低调为人,勇于谦让。"

叔叔笑了:"哦,谦让了,让贤。不错不错。姜辰浩怎么不让贤呢?"

姜辰浩说:"让班主任给逮住了。"

叔叔哈哈大笑说:"俩小子,有点辩才。好!我问你,征文有没有主题?"

姜辰浩说:"有,'我从这里开始'。"

"哦,对学生来说,是个好题目,不算废题。那你准备写什么主题呢?"

姜辰浩一愣:"我,我的主题?我的主题,不就是'我从这里开始'吗?"

叔叔微微一笑说:"那,你准备怎么开始?"

姜辰浩点点头说:"噢,您问的,是我怎么开始?"

叔叔说:"实际上,征文的题目只是给你们定了一个写作的范围和方向,那不等于文章的主题。

"写议论文最重要的,是文章要明确你的主题,也就是你的论点。

"也就是说,对于'我从这里开始',你有什么高见?这才是你文章要写的东西,才是你要说的道理!"

姜辰浩摸摸头,恍然大悟:"噢!"

宋明明拍手说:"怎么样,我说我叔叔就

宋明明的叔叔

是一风清扬吧?"

叔叔打了一下宋明明的头:"我看是你才想做令狐冲!去,给服务员说,可以上菜了。"

边吩咐,他边问姜辰浩:"提交稿子的时间是多长?"

"两个月。"

"哦,时间勉强够用。"

"两个月的时间才勉强够用?一篇文章,需要写这么久啊?"姜辰浩在心里嘀咕,脸上没敢表现出来。

饭饱酒足后,叔叔对姜辰浩说:"好了,既然拜了师,辅导就开始。拿出你的本子和笔,记下明天的训练题。后天下班后,明明带姜辰浩到我家里。姜辰浩,你的第一次报告,就是你的议论文的主题,如果扣住议论文的文体来说,就是你的议论文的论点是什么。"

宋明明说:"就给他这么简单的一个作业?我可是给他大大地吹嘘了你一番的。"

叔叔微笑着说:"你以为是你们的老师给你们布置问答题?周恩来给聂荣臻元帅的任务也不过是几个字:造原子弹!告诉你,没有那么简单。但是也可以告诉你们,我不介意你们发动朋友们一起讨论这个所谓的作业,运用集体的智慧。回去好好讨论吧,看后天你们能给我什么答案!"

第一章

"匠心独具"的论点才有价值
——写作小组一遇波折,论点确定有原则

虽然姜辰浩称宋明明为诸葛亮,辰浩自己号称高一(3)班的余秋雨,但是他们不敢有丝毫的大意和麻痹。他们按照叔叔的建议,第二天一上学,就串教室,打手机,联系他们的几个铁哥们儿。姜辰浩和宋明明的几个铁哥们儿,那倒绝对不是什么"狐朋狗友"。

晚饭后,铁哥们儿就聚集到姜辰浩的家里,姜辰浩的爸爸妈妈为了支持姜辰浩的活动,"躲"到楼上的书房里看电视。

姜辰浩的铁哥们儿有:

宋明明——宋明明的妈妈和姜辰浩的妈妈过去是闺蜜,比亲姐妹还亲,所以宋明明和姜辰浩就像亲兄弟一样亲。宋明明的妈妈还曾经发过感慨:"唉,要是这俩屁小子有一个是姑娘多好!"

张大鹏——校篮球队的前锋,学校女生心目中的白马王子,自称是哥几个的保护人。这保护人却怪,什么力气活,他都觉得义不容辞,一手包揽。

丁勇——身体圆圆的,人称"二胖",脑

张大鹏

子却十分灵活,反应特快。

姚俊——长得跟他的名字一样,是男生叫他小白脸的那种"菌男",其实男子气十足,判断力很强。因此,虽然他不如张大鹏那么有名,但在女生中的人气指数还是很高的。

大家在沙发上坐好,丁勇就说:"辰浩,请我们来,我们要陪你玩两个月呀,我看我们还是应该有个正式的名称吧。"

"什么东西有什么名称?"大家不明白这个小胖子想说什么。

"嗨,辰浩就好比竞选人,我们呢是他的高级参谋,那么我们该叫什么呢?"

宋明明说:"噢,你说的是智囊团。"

"对呀,还是宋明明脑筋转得快。"

宋明明说:"也可以叫'写作小组'。"

"叫什么都是开玩笑,但是这个事却不是开玩笑,我们一定要帮助姜辰浩夺得前三名。姜辰浩败了名头,我们大家都得抬不起头,谁不知道咱哥们几个。"姚俊一开口,的确倒是有点男子汉气概。

"那么,智囊团的大虾们,你们看我用个什么主题才好呢?"

宋明明说:"我觉得,这个主题,要有点气概,要有一种信心,总之,要让评委老师读了,觉得这小子有点精神。"

"我觉得宋明明说得有道理,学校出这样一个作文题,明摆着,就是想给大家打打气,鼓鼓大家的劲呗,姜辰浩能把这种鼓劲精神写出来,一定是好的。"丁勇十分赞同宋明明的意见。

姚俊说:"二位都说得对,关键是我们得具体一点,到底什么主题,才能表现宋明明说的精神和气概。"

大家互相看了看,一时无语,屋子里忽然安静下来。

这时,一直没有说话的张大鹏说:"诶,弟兄们,我看,这个问题,还是请姜辰浩说说他的想法,这小子读的书多,文章写得好,莫非我们还比他高明?"

姚俊说:"大鹏说得对,姜辰浩,你一定有所考虑,说出来,大家给你号号脉。"

"辰浩,有谱没有?"宋明明问姜辰浩。

姜辰浩沉思了几分钟,说:"我有两个想法,看各位大虾觉得怎么样哈。"说到这里,姜辰浩却站起来:"哎呀,我准备的红枣呢,都给忘记了,我先给大家端过来哈。"

张大鹏伸手按住姜辰浩的肩膀说:"好了,现在谁想吃东西,真是着急死人。你坐着,快说,枣子我去抬,橱柜上嘛,我看见了。"张大鹏把枣子抬了过来。

"快说吧,怎么像电视剧插播广告一样,叫人心痒呢。"宋明明也催姜辰浩。

姜辰浩说:"一个想法呢,叫做:'克服千难万险,我从这里开始';另一个呢,叫做:'我从这里开始,扬帆高歌猛进'。不知行不行?"

丁勇说:"我说呢,第二个好。第一个,说明我们高一的同学,的确是不错的,哪个不是克服了千难万险才到达了一个新的起点呢?但是,一看征文题目的意思,是不是还希望我们谈谈在新的起点上,我们今后的奋斗目标和决心呢?"

听了丁勇的分析,大家都叫了一声"有道理!"

姚俊补充说:"我完全赞成丁勇的分析,而且第二个主题。也正好符合李白《行路难》'长风破浪会有时,直挂云帆济沧海'的诗意。"

听了姚俊的分析,大家更是叫了一声"好"。于是,主题就这样定下来了。大家都十分得意,认为明天,姜辰浩一定会得到宋明明的叔叔的赞扬。

第一次确定的文章主题:
我从这里开始,扬帆高歌猛进

虽然就是这么几个字,做事认真的姜辰浩仍然用打字机把它打印出来,他想让宋明明的叔叔看了觉得他这个"徒弟"做事是认真的。

大家喝了点矿泉水,吃了几颗枣子,就回去了。

第二天放学后,宋明明和姜辰浩去见叔叔。叔叔坐在沙发上微微笑着说:"主题出来了?"宋明明夸耀地说:"很认真的。我们几个哥们儿,还和姜辰浩讨论了半天呢。"

叔叔说:"哦,什么主题,说来我听听。"

姜辰浩就恭恭敬敬把打印好的 A4 纸递给叔叔。叔叔说:"不错,我喜欢做事有章法的孩子,像你这样,不管怎么样,都会有希望的。"

叔叔微笑着看了姜辰浩的主题,两个年轻人都期待地看着叔叔,叔叔没有说话,拿起笔,在纸上刷刷刷地写了几行字,递给姜辰浩。

两个人赶忙接过来一看,纸上写的是:

第一,"扬帆高歌猛进"这个主题,看似有想法,其实挺空,没有真正的内容,容易写成大话,即空话。

第二,看似有点文学色彩,其实太一般化,我估计很多人都会写类似的主题。大家都想到的东西,大多是一般化的东西,不管技巧如何,总不会好。

第三,确定主题,这是写文章,尤其是写论辩文的最关键的第一步,请认真思考一个实实在在的,有独到见解的主题。

吃完晚饭后,兴致勃勃的"智囊团"们又聚集到姜辰浩家里。大家刚坐定,就迫不及待地充满期待地问:"怎么样,宋明明家叔叔认为怎么样?"

宋明明和姜辰浩都没有说话,默默地把叔叔写的字条递给大家。大家接过去一看,顿时哑了。大家都有灰溜溜的感觉。

丁勇说:"哎呀,真是丢人,今天一天我都还在自豪呢,看了宋明明叔叔写的意见,我真的觉得我们的水平很低!真是奇怪!"

姚俊也说:"唉,就是这一下子,你就知道什么叫高手了!姜辰浩,我们沾你和宋明明的光,和高手共舞一回。"

丁勇说:"我建议,今天就不要讨论了。我们都回去好好地动动猪脑子,翻点好资料看看,受点启发,说不定会有好想法呢。明天吃了饭再来吧。"

大家一致赞同丁勇的见解,各自回家翻资料去了。

第二天,大家又聚在一起。大家纷纷叙说看资料的感想,回忆老师这么多年来上课给他们讲过的道理。最后,大家想到老师们谈得最多的一个道理,很多资料上也有这方面的材料:在这个浮躁的时代,对于他们来说,最需要的是脚踏实地,一步一个脚印去创造自己的人生。

在谈论中,慢慢地,大家的思想都逐渐集中到一个主题上来。姜辰浩把它归纳为一句话:"我从这里开始:每天成功一点点。"

姚俊

第二次确定的文章主题:
我从这里开始:每天成功一点点

姜辰浩又把打印好的纸条交给宋明明的叔叔。这次,他们的心理由期待变为了忐忑不安。

叔叔看了纸条,笑了笑,又在上面写了几句话,递给姜辰浩。姜辰浩赶忙看,只见上面写着:

一、这个主题相对实在一些,切合目前年轻人的心理状态,立意是好的,但这样的主题仍然来自励志书和老师的说教,没有真正的创意,没有内在思想。

二、提示:想想你们的处境,想想大家心里都在想什么,要体现真实的感受,不要管别人是怎么教导你们的,但是这种征文还是必须把积极向上的精神作为显性主题。把两方面结合起来,看看你们能够做到哪一步。

"智囊团"的铁哥们儿又聚在一起了。看了宋明明的叔叔的评语,大家都沉静下来。

丁勇说:"宋明明叔叔眼光太锐利了!每次字条上的话,总是戳到你的软肋!"

姚俊说:"他也不告诉你什么主题好,但其实他已经告诉你了。每次,你的思想上都有一点点渐渐亮起来的感觉,怎么才能透亮呢?"

宋明明说:"你们看,叔叔说的是'想想你们的处境,想想大家心里都在想什么',我们的处境是怎样的?你们在想什么呢?"

张大鹏拍了一下手说:"众位弟兄,大家就谈谈我们的处境,谈谈心里在想什么,说不定谈一谈,好主题就冒出来了呢!"

姚俊点头赞成:"那,我们就谈谈我们心里在想什么吧。"

大家都在清嗓子,但没有一个说话。客厅里一时安静了下来。

沉默了一阵后,结果是张大鹏先开口:"我说哥们儿,我们在想什么,是不是觉得挺没劲的?初三毕业考高一,高三毕业考大一,大四毕业了,怎么办?老爹老妈都犯愁。像我老爹老妈吧,才高一呢,就今天请人喝酒,明天陪人打麻将。你们知道我老妈跟我说什么?'鹏鹏啊,爹妈给你聚人气呢!大学毕业好找工作!'想想都惨!"

张大鹏这一开口,大家倒像活过来了,但是一片叹气声。

"唉!"丁勇先就叹了一口气,"我们哥们儿几个,大致还不会连大一的门都进不去。但是的确还有很多同学连大学门都跨不进去的。他们又怎么办?送快递,当导购,在街边给人贴手机膜。家里有点钱的,找私立学校交钱读书,再混四年。家长的意思,这四年得在学校混着,还没长大呢,混四年长大了再说呗。"

姚俊站了起来:"大学毕业又怎么样,如果不是名牌大学,还不是一样送快递,当导购,还白多读四年呢!"

宋明明也叹了一口气说:"我看看那网上大学毕业生招聘会的贴图,那场景,妈呀,那哪里是招聘会,简直是2008年凝冻的火车站。你看人事招聘网,考公务员的,900多人争一个职位!"

丁勇忽然又笑了说:"宋明明你叹什么气?你老爹老妈有办法,你看,我们的写作辅导,你叔叔,政府的一支笔,你愁什么?是不是哥几个到时候沾沾你的光?"

张大鹏拍了拍手:"唉,小胖哥,别跑题啦。"

姚俊也说:"对,不要偏题,不要忘记我们是姜辰浩的智囊团,不要忘记了我们的任务。姜辰浩,你怎么不说话?"

宋明明说:"他是当事人,听我们智囊团发表高见呢。"

姜辰浩也叹了一口气,说:"大家说得好呢,我听着,心里就在想作文的主题呢。"

张大鹏哈哈笑了一声:"接着忆苦?可惜没有甜可思。"

丁勇接着说:"我们家楼上有一型姐,音乐专业毕业的,老爹老妈千辛万苦给她找了一中学的弯过去绕过来的关系,她又不愿意去考。去文艺单位,一是生意清淡,二是她那水平只能给人唱和声,等于有个混时间的地方,还得依靠老爹老妈。最后,还好,有脸蛋有身段,嫁了一个二婚大款。结果,她的同学朋友都说她运气好,修成正果了。啧啧,你们说……"

宋明明说:"姜辰浩,你看,这一段,是不是差不多了,主题出来没有呢?"

姜辰浩说:"我一直在思考呢,我觉着,这是不是算半个主题呢,我把它总结为一句话:'我们的目标迷茫'……"

姚俊说:"很好,我认为一般同学们都不敢把这个真实思想说出来,怕老师认为思想消极。但是按照征文的要求,迷茫,是肯定不行的,我觉

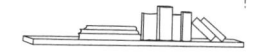

得,迷茫前面加一词,我们的目标固然迷茫……"

大家都拍手叫了一声"好"。

张大鹏说:"那么下半个主题呢?"

丁勇说:"我们的目标固然迷茫,但哥们儿还不是得混,是不是大家都得混个人模狗样?至少我们哥几个都是这样想的,是不是?"

"是啊,"张大鹏说,"要不然哪家老爹老妈看我们天天跑辰浩家,回去半夜三更还要做作业,会不管我们?还不是知道哥几个在做什么!"

姚俊说:"也就是说,不管怎么样,哥几个都得好好混,争取混个人模狗样!"

宋明明一拍大腿:"这就叫下定决心也得好好混!"

丁勇也一拍大腿:"这就叫我们得坚强一点!"

姜辰浩大叫一声:"好了!哥们儿,看看这个题目行不:'我们的目标固然迷茫,我们的思想必须坚毅!'"

第三次确定的文章主题:
我们的目标固然迷茫,我们的思想必须坚毅

"好!"大家一起鼓掌!

姚俊说:"通过!"

宋明明说:"这次,叔叔还说不行,我们只有请他老人家给我们代劳了。"

姚俊说:"我觉得,应该没问题。"

"我也觉得!"

"我也觉得!"

第二天放学,姜辰浩又和宋明明到了叔叔家。姜辰浩还是恭恭敬敬把打印好的纸条递给叔叔。叔叔看了姜辰浩一眼,见他的眼里没有了上次那惶惑不安的神情。他微笑了一下,接过纸条。还是没有说话,拿起笔,刷刷刷地照样写了几行字。

姜辰浩和宋明明接过来一看,叔叔写的是:

一、迷茫与坚毅,主题切合社会实情,切合学生的真实思想状况。敢于直面社会问题,却落脚于积极向上的人生观,一正一负,衬托出一定的思想境界,不是空话大话,有现实性和针对性。

初步通过。

文章的主题是议论文的论点,在写作中也许还有变化,会有新的更高的认识,但那是后话,现在就根据主题论点往下走。

二、下一个步骤:文章用什么材料(即"论据")来支持你的主题("论点"),要把材料具体地列举出来。需要理解的是,收集处理材料,有一个由多到精、由数量到质量的提升过程。

注意:议论文的"论据"有两种类型的材料,想来学校老师应该讲过,我暂不提示。

当姜辰浩和宋明明把纸条给大家看的时候,不知是怎么一回事,本来这是一个很小很小的事情,不就是一篇文章的主题确定吗?这一帮哥们儿不是一帮号称淡定的好汉吗?但是哥几个却像张大鹏与外校篮球队比赛赢了似的,竟然那么激动,大家欢呼雀跃。张大鹏还飞快地跑到外面超市买来啤酒,大家举杯庆祝!

宋明明说:"庆祝,也为了下一战!"

"为了下一战!"

"为了下一战!"

小结

议论文的概念、要素及论点要求

一、议论文的概念

议论文是用逻辑推理来阐述见解、主张、意见、看法的文体。比如政论、评论、杂文、随笔、感想等，都属于议论文的范畴。

议论文又叫说理文、论辩文。作者通过摆事实、讲道理，发表自己对于客观事物的看法和意见。议论文应该论点明确、论据充分、结构严谨、语言精辟、论证有力，逻辑严密。

简单一句话，议论文就是说道理的文章。

议论文用普适的道理分析具体的事物，对之作出规律性的结论，或者通过对一系列客观事物的分析，推论出具有普遍性的道理。讲道理，谈看法，是议论文的基本特征。

议论文以"议论"这种表达方式为其主要表达方式，"议论"是作者对客观事物进行分析以表明见解、主张、看法的语言表达方式。

但在论证过程中，在摆事实举论据的过程中，经常借助于"叙述"这种表达方式。为了增强议论文的说服力，议论文也往往要借助于"描写、抒情"等表达方式，在马克思、培根、鲁迅、钱钟书、毛泽东等议论文大师的议论文中，描写和抒情的表达方式和各种修辞手法使用得相当频繁。有的议论文涉及某种客观事物的科学原理时，为了把道理讲深讲透，有时也难免会借用"说明"的表达方式。

二、议论文三要素

"议论文"由论点、论据、论证三个要素构成。

论点，就是对所论述的问题所持的见解和看法。

论据，就是说明论点的材料和依据。

论证，就是用论据证明论点的过程和方法。

因此，有人从议论文写作的角度，将这三个要素描述为：

论点——证明什么；

论据——用什么证明；

论证——怎样证明。

这三个描述,非常准确形象。

三、议论文论点的要求

论点是作者在文章中提出的对客观事物认识的中心道理,它要求科学、合理、鲜明,既有针对性,也有普遍性;既有现实性,也有前瞻性。议论文的论点,最好是人们都能够有所感悟,但人们却都没有明确认识的道理。

"论点",就是议论文的"主题"。

一般认为,一篇文章的论点,可以是一个,也可以不止一个。如果论点不止一个,那就需要明确中心论点。一般把中心论点"以下"的"论点",称为"分论点"。

实际上这种说法是经不起逻辑分析的。

第一,既然一篇议论文可以有几个论点,那么为什么要确定"中心论点"?"中心论点"以外的"论点"与"中心论点"是什么关系呢?如果是并列关系,何谓"中心论点"?如果是从属关系,那实际上就是一个论点,即所谓的"中心论点"。

第二,实际上,一篇议论文不可能有几个并列的论点,如果是这样,这篇文章实际上无法写也无法看。有些"随感"之类的议论文,可能会产生几个论点,但那实际上是几篇可以独立成篇的短文。性质跟诗歌的"外几首"差不多。

第三,所谓"论点"与"分论点"的存在,实际上不是"论点"的范畴,而是"论证"的范畴——本议论文是怎么通过一个一个问题的论述来完成对文章主题的论证的。

关于这一点,本书会在"议论文的结构"中作具体的演示。

议论文论点有以下三个要求:

1. **科学性。**议论文讲道理,是发表自己的见解,这见解不是强词夺理,不能"仗势欺人",而要靠科学性来建立自己的说服力或者打动力。所谓科学性,一是符合客观事物的客观规律;二是不能随意夸大渲染,所提出的论点,必须是合理的;三是论点的提出,必须是在大量的材料依据之上作出的结论,论证的时候也有典型论据作为支持。有时候,有的短小的议论文也不一定非要举论据,但实际上,作者依据的是生活中大家都会有相同感触的经历和现象,就是说,作者在文章中没有提出具体论据,但作者的论据是大家都感同身受的生活,是隐性的却都能感知的论据。

2. 鲜明性。这个鲜明性,不是有人所谓的必须鲜明地表达"赞成什么、反对什么",必然有一类议论文只表示赞成什么,也必然有一类议论文不是在论述"赞成和反对"的问题。议论文论点的所谓鲜明性,是指文章的论点要明确,主题要鲜明,不能读者看了不知所云,不知道你到底要表明的是什么道理。

3. 新颖性。论点应该尽可能超越他人早已经论证了的见解,不要重复他人的老生常谈,应该尽可能是作者经过大量材料的感知理解后,得到的独到见解。

第二章

"切合主题"的论据最有力量

——写作小组再遇波折,论据须"实实在在"

当然,姜辰浩他们对于论据的两种类型的材料,还是了解的,他们知道,议论文的论据材料,一种是事实材料,一种是理论材料。

那就行动呗,第一场战役只得了个"初步通过",第二场战役能不能取得"良好"的战绩呢?

第二场战役。

第一步,他们展开了一场空前的全市书店大搜索战役。

第二步,大家埋头看书,搜索网络,摘抄了很多"精选"的论据材料,认认真真地打印了一大本,装订得十分精致。

姜辰浩在网络上搜集材料

姜辰浩在励志书和网上摘抄打印的部分资料(共230条,选10条):

"逆境与奋斗"论据资料摘抄

（共230条）

理想与贫穷
——童话大王安徒生

安徒生(1805—1875)，丹麦作家。1805年，安徒生诞生在丹麦奥登塞镇的一座破旧阁楼上。他的父亲是个鞋匠，很早就去世了，全家靠母亲给人洗衣服维持生活。

安徒生虽然过着十分贫穷的生活，但他却有自己远大的理想。开始，他决心当一名演员，十四岁时便离别了故乡和亲人，独自来到首都哥本哈根。他克服了生活上的重重困难，以坚强的毅力学习文化。起初，他想学习舞蹈和演戏，却遭到了拒绝，后来被一位音乐学校的教授收留，学习唱歌。可是第二年冬天，因为他没有钱买衣服和鞋子，不断地感冒、咳嗽，嗓音嘶哑了，只好离开了音乐学校。但是，他从事艺术事业的顽强意志毫不动摇，又下决心进行文学创作，用自己的笔写出人间的不平。他住在一间旧房子的顶楼上，没日没夜地练习写作。经过十几年的奋斗，终于踏进了文坛。从三十岁开始，专心从事儿童文学创作，一生中共写了168篇童话故事。如《丑小鸭》、《看门人的儿子》、《皇帝的新装》、《夜莺》和《豌豆上的公主》、《卖火柴的小女孩》等。

安徒生的童话深受广大人民群众的喜爱，被翻译成许多国家的文字，广泛流传。他也被人们誉为"世界童话大王"。

逆境使他发奋
——诺贝尔化学奖得主格林尼亚

著名化学家格林尼亚教授,曾走过一段曲折的道路。少年时代,由于家境优裕,加上父母的溺爱,使得他没有理想,没有志气,整天游荡。可是好景不长,几年后他家彻底破产,一贫如洗,昔日的朋友都离他而去,甚至连女友也当众羞辱他。从此,他醒悟了,开始发愤读书,立志追回被浪费的时间。九年以后,他研制出格氏试剂,获得了诺贝尔化学奖。

理想支撑他活下去
——古代历史学家、文学家司马迁

"昔西伯拘羑里,演《周易》;孔子厄陈、蔡,作《春秋》;屈原放逐,著《离骚》;左丘失明,厥有《国语》;孙子膑脚,而论兵法;不韦迁蜀,世传《吕览》;韩非囚秦,《说难》、《孤愤》;《诗》三百篇,大抵贤圣发愤之所为作也。此人皆意有所郁结,不得通其道也。"这是司马迁的话。而司马迁本人也为李陵说公道话而被处以官刑,而"述往事,思来者",发愤著成《史记》是支撑他活下去的精神支柱。

生前贫穷的艺术大师
——绘画大师米勒

法国画家让·法郎索亚·米勒,年轻时的作品一幅也卖不出去,他陷在贫穷与绝望的深渊里。后来,他迁居乡间。虽然他仍然未能摆脱贫困的厄运,但是他并没有停止作画,从此他的画更多表达美丽的大自然和淳朴的农民。其中《播种》、《拾落穗》等作品,还成为美术画廊上的不朽之作。如果他没有那种不怕不弃、奋勇前进的精神,就永远都不会有不朽之作诞生。

奥斯特洛夫斯基身残志坚
——坚毅是钢铁般的意志

奥斯特洛夫斯基是前苏联著名的作家,人们争相购阅的《钢铁是怎样炼成的》一书就是出自于他的手。可是,你相信吗?这位作者竟是一位双目失明、全身瘫痪的残疾人。

奥斯特洛夫斯基14岁的时候就参加了推翻沙俄反动统治的革命活动,在战场上出生入死,立过不少战功。不幸的是,24岁的时候,他双目失明了,而且全身瘫痪。命运对他是多么的不公平。但是,奥斯特洛夫斯基并没有向命运低头,他决心用笔作武器,把自己战斗的一生记录下来,以激励后人。于是,他把病床当作战场,夜以继日地挥笔疾书。凭着他巨大的毅力、顽强的斗志,他克服了重重困难,终于在1927年写成了《暴风雨所诞生的》一书。不幸的是,原稿在邮寄中丢失了。这对于他来说是一个多么巨大的打击啊!但是,他并没有因此而丧失勇气,而是决心一切从头开始,再次提笔写作。而这时,他的双眼已经完全看不见东西,两只手也只剩下肘能活动。经过三年的努力,他终于写成了影响极为广泛的自传体小说《钢铁是怎样炼成的》。

秦大河徒步横穿南极大陆
——坚强的毅力能克服一切困难

1990年3月3日,国际横穿南极大陆考察队经过艰苦跋涉,终于完成了人类历史上首次徒步横穿南极大陆的壮举。秦大河,作为中国人民的代表,他以自己杰出的行动为南极科学考察作出了贡献,为共和国的旗帜增添了光彩。南极是一个暴风雪的世界,秦大河与其他考察队员每天要在冰天雪地里走10个小时。一天下来,筋疲力尽,而睡觉的帐篷里也十分寒冷,早上起来10个手指冻得无法伸直。就在这样的恶劣环境中,秦大河坚持完成了考察队交给他的收集冰雪样品的任务。一次,为收集样品,他在大雪坑里工作了七八个小时,干完后全身发软,当晚就发高烧,可第二天,他仍咬紧牙关,跟队友上了路。在7个多月时间里,他的体重下降了13公斤,他克服了各种困难,以坚忍不拔的毅力完成了考察任务。

谈迁执著著书
——坚毅者能做出伟大的成就

明朝时期,浙江海宁人谈迁,是个穷秀才。29岁开始编史,因为买不起书,就四处求人,借书抄写。有时为了查阅一点材料,自带干粮行走一百多里。他努力了27年,六易其稿,终于写成一部巨著。此时谈迁已经56岁了。可是有一天夜里,这部书稿却被人偷走了。谈迁伤心地大哭了一场。别人都以为他这下将一蹶不振,不料他第二天便挽起袖子又干了起来,他又花了整整十年光景,终于写成第二遍书稿,就是后来问世的《国榷》。此时的谈迁已经白发苍苍、老态龙钟了。他高兴地对人说:"虽死而瞑目矣!"

拳王阿里钢铁般的意志
——无论如何,要在精神上占据上风

20世纪70年代是世界重量级拳击史上英雄辈出的年代。1975年9月30日,已经33岁而且4年来未登上拳台的拳王阿里与另一拳坛猛将弗雷泽进行第三次较量(前两次一胜一负)。在进行到第14回合时,阿里已精疲力竭,濒临崩溃的边缘,他几乎再无丝毫力气迎战第15回合了。然而他拼着性命坚持着,不肯放弃。他心里清楚,对方和自己一样,比到这个地步,与其说在比气力,不如说在比毅力,就看谁能比对方多坚持一会儿了。他知道此时如果在精神上压倒对方,就有胜出的可能。于是他竭力保持着坚毅的表情和誓不低头的气势,双目如电,令弗雷泽不寒而栗,以为阿里仍有体力。果然,弗雷泽表示俯首称臣,甘拜下风。裁判当即高举起阿里的手臂,宣布阿里获胜。这时,保住了拳王称号的阿

里还未走到台中央便眼前漆黑,双腿无力地跪在了地上。弗雷泽见此情景,如遭雷击,他追悔莫及,并为此抱憾终生。

坚强的巴尔扎克
——坚定的毅力产生出丰硕的成果

1850年8月21日法国著名作家巴尔扎克去世了。在他的葬礼上,雨果所致的悼词中有这样的话:"在伟大的人物中间,巴尔扎克是最伟大的一个;在优秀的人物中间,巴尔扎克是最优秀的一个。……可叹啊!这个坚强的、永远不停止奋斗的哲学家、思想家、诗人、天才作家,在我们中间,他过着风风雨雨的生活,遭逢了任何时代一切伟人都遭逢过的恶遇和不幸。如今,他走了。他走出了纷扰和痛苦。"

巴尔扎克一生坎坷。幼年就缺乏母爱,家庭和母亲对他冷漠无情,他好像是家庭里多余的人。巴尔扎克后来回忆这段生活,曾愤愤地说:"我从来不曾有过母亲,从来也不知道什么叫母爱。""我经历了人的命运中所遭受的最可怕的童年。"长大以后立志要从事清苦的文学创作,当一个"文坛国王"。从1819年夏天开始,整天在一间阁楼里伏案写作。阁楼咫尺见方。他的居所简陋寒酸,夏天热腾腾的,冬天寒风飕飕。他没有白天,没有黑夜,没有娱乐,总是不停地写。结果在与书商打交道的过程中不断受骗,以致负债累累。债务高达10万法郎。为了躲债他6次迁居。他对朋友说:"我经常为一点面包、蜡烛和纸张发愁。债主迫害我像迫害兔子一样。我常像兔子一样四处奔跑。"

巴尔扎克,一生勤奋写作,常常连续工作18小时。在不到20年里,他共创作91部小说。在世界上有广泛影响,但他一生却是在贫困和痛苦中度过的。他曾一句话概括自己:"一生的劳动都在痛苦和贫困中度过,经常不为人理解。"

贝多芬扼住命运的咽喉
——勇于向命运挑战,方显坚毅的品格

贝多芬的一生可说是一部史诗般壮烈的传奇。艰苦童年、爱情失败、疾病缠身、贫困交加,都在摧残着这位巨人。然而,这些尚不过是悲剧的前奏。1796年,贝多芬的听觉开始日渐衰弱,而那年他才26岁!耳聋,对常人是一部分世界的死灭,对音乐家来说,却是整个世界的死灭!

在这样的打击面前,贝多芬在痛苦中独自挣扎,几度差点被击垮。然而,滔天的洪水也未曾浇灭他生命的火焰,他不甘于向命运屈服!命运固然试图捉弄这位超越时空的天才,然而,贝多芬用自己的努力无情地嘲笑了命运:贝多芬在完全失聪的岁月里,创造了他一生中最伟大的杰作!一个不幸的人,一个深受贫穷、残废、孤独折磨的人,世界给他痛苦,他却创造了欢乐来给予世界!这——就是巨人的不朽!当我们感受"英雄"的豪壮,聆听"命运"的叩门,并在"第九交响曲"的合唱中歌颂欢乐时,不要忘记,这是贝多芬在与不幸的命运作战中谱写的华章!

……

姜辰浩把资料集子恭恭敬敬地递给宋明明的叔叔。叔叔认认真真地浏览了一遍,点点头。姜辰浩心里松了一口气。叔叔说:"不错,很认真,通过这样的劳动,你们也能够增加很多知识,拓宽眼界。"

姜辰浩想,"这次终于一次通过啦!"

就听叔叔问:"这些书,是不是只有你们才能买到?"

姜辰浩疑惑地回答:"不是,人人都能买到。"

"这些网络,是不是只有你们才能进入?"

"不是,人人都能进去。"

叔叔笑了:"所以,你们收集的这些论据,网上和书上铺天盖地,肯

定所有参赛选手都会用到。虽然现在我们认定你们最后确定的主题有一定的独特性,但我们不能认定其他的参赛孩子一定不会想到这样的主题。好了,既然你们现在搜集的这些材料铺天盖地谁都可以搜集到,那你的文章与其他孩子的文章很有可能撞脸。文章撞脸,知不知道?除非你确定你的水平比其他孩子高很多,否则,结果的不确定因素就太大了!"

姜辰浩和宋明明都愣住了。叔叔一说,他们就明白了,这是一个完全可能发生的事实。怎么也不能说他们的水平比其他的参赛同学"高很多"。

姜辰浩和宋明明面面相觑!

叔叔笑着仰在沙发上,忽然又正起身来。他微笑着继续问:

"这个'迷茫与坚毅'的主题,你们是怎么得出来的?"

"唉,大家谈了好多好多的故事,铁哥们儿都是些硬汉子,可是有好几个哥们儿说一说的,都有些……"姜辰浩有些黯然神伤地说。

忽然,姜辰浩用手捂住自己的口,瞪大了眼睛:"啊!"

叔叔大笑:"哈哈,小子,聪明,始终是聪明。明白了?"

"明白了!"

"明白什么?"

"那是我们自己的材料,别人不可能拥有的材料!"

叔叔笑着从茶几上抓起纸和笔,刷刷刷又写了几行字。宋明明和姜辰浩接过来一看,叔叔这一次写得比往次都多:

一、独特的主题,一定来自独特的材料,没有独特的材料,怎么可能产生独特的主题,因此,独特的主题是依据什么而产生的,那些材料才是最独特的材料。

二、主题的产生,是依据自己在生活中大量的亲身体验而产生的,这些亲身体验的材料,才是最贴切的材料。

三、阅读产生的材料,最好是自己深入阅读有所感触的材料,阅读材料是经过历史检验最典型的材料,不是不能用,用则典型深刻,是自己用心体验而得的独特感受,而不是众所周知的什么小故事。

给你们推荐三本切合你们写作主题的书:

1. 海明威:《老人与海》
2. 凡尔纳:《格兰特船长的儿女》
3. 艾密尔·鲁特维克:《林肯传》

当你们再一次阅读这些作品的时候,你们就了解了什么是九死一生的境遇和百折不挠的精神了!

四、把你们自己的材料和阅读感受写下来。

这一次,"智囊团"的哥们儿费了那么多天的时间,花了那么多心血做出来的材料,那么厚厚的一本册子,又被宋明明的叔叔"否定"了,奇怪的是,没有一个人觉得沮丧。

姚俊反复拿着叔叔写的纸条看,口中不断地说:"高人,高人!"好像他就只有这一个形容词。

丁勇则抢过纸条大声地说:"你们再看,唉,多实在!"

宋明明招呼大家说:"哎,我说大虾们,现在怎么办?"

张大鹏哈哈笑了说:"怎么办,大家伙都按你叔叔说的去办呗! 回去,好好闭门谢客,读书写字,像像样样地把材料弄出来!"

姚俊说:"好,就这么着!"

宋明明说:"咦,姜辰浩,怎么皇帝不急太监急,就你这个选手不动声色呀?"

姜辰浩说:"去你的,现阶段,'智囊团'说了算!"

丁勇说:"就这样就这样,好吧,大家伙回去忙去吧! 拜拜啦!"

姚俊阅读叔叔写的纸条

过了几天,姜辰浩的QQ邮箱里就收到了几个哥们儿的邮件。姜辰浩又把它们打印出来,认认真真装订成册,再送给宋明明的叔叔看。叔叔看得十分专注,宋明明和姜辰浩在旁边坐着,大气不敢喘。叔叔偶然抬头:"哦,明明,待着干什么,自己倒茶找东西吃呀!我还在看呢!"

宋明明和姜辰浩差不多都要喝完一壶茶的时候,叔叔终于坐起身来,说:"你们看哈,你们这里已经有多少篇生动感人的文章了啊!这样一些真实故事和世界名著的阅读,是你们自己真真实实的体会,让这些材料作为文章的核心支撑,会打动多少人啊!"

姜辰浩连连点头说:"我们在朗读的时候,这几个硬汉子,都差点掉眼泪了呢。"

姜辰浩他们自己原创的有关"迷茫与坚毅"的论据材料:

张大鹏的材料:

可怜的爸爸妈妈

今年我升了高一,我考上的是市里的重点高中。快半年了,还是有叔叔阿姨碰见爸爸妈妈,就会说:"你们真有福气啊,儿子那么争气!"爸爸妈妈当然乐呵呵地点头。

可是我知道,升个好高中,并不算什么!有家长说,升个好高中,就等于一只脚跨进了大学门!可是,大家心里都明白,进了大学又如何呢?

爸爸本来不善喝酒,可是,自从我进了高一,他就经常在我家对面的"一品鲜"摆酒席,喝得满脸通红地回来,常常在沙发上一坐,就睡着了!妈妈给他轻轻盖上毯子,他也毫无察觉。这时候,我这个儿子能够做的,只有放下作业,给他泡一大杯铁观音放在茶几上,等他醒来好喝。那是他的最爱。

我的妈妈,是一个严谨善良的女人。从小到大,我的印象中,妈妈就是一个温柔端庄的好女人。自从我进了高一,不是说妈妈变了,我知道亲爱的妈妈是不会变的,但是她迷上了麻将却令我暗自伤心。有一次,晚上12点了,妈妈还没有回家。我和爸爸到会所的外面等她。本来爸爸不让我去,可是我哪能不去呢!我跟爸爸说:"爸爸你放心,耽误一个小时,我会补上两个小时!"爸爸叹一口气,像个哥们儿,不,更像一个小弟弟一样抱着我的肩膀一直到了车库。

我们一直等。一个小时过去了,妈妈才和几个阿姨笑语喧哗地走了出来。大家都上了车,妈妈才朝停得老远的我们的车走过来。

妈妈无语地上了车,一家人都没有说话。车默默地开了好久,爸爸才说:"那穿红衣服的,就是人事局长夫人?"

妈妈叹一口气说:"是啊,她要玩,谁都不敢说走。"

我一句话也没有说,回到家,我就钻到房间里,拿起书就看。我是学校有名的男子汉,我想哭,但是我不能哭,我唯一能够做的,就是好好用功!

我知道,爸爸妈妈都在为我7年以后作准备!我可怜的老爸老妈呀,我再不用功,我就只有撞死在球场栏杆上!

不过,最近我看了宋明明叔叔给我们推荐的《林肯传》,我的心里亮堂多了。比起林肯来,我的环境和条件好太多了!看着他蜷缩在不能挡风的屋角,每天去干繁重的体力活,看着他给店铺当小伙计,给村子里的农夫们逗乐;看着他一次又一次地被人嘲笑,被人鄙视,被人打击,却始终不渝地朝着自己的目标奋进。不,我不认为他的目标就是总统,我认为那是他奋斗的副产品。总之,林肯就是乐观对待人生,做事就要做得最好,不管是什么事。我觉得,当他在船上做一个最好的船夫的时候,他哪里会想到自己能当总统呢?他就是要做一个最好的,大家伙都夸赞的好船夫而已!他成了总统以后,废除黑奴制度,让全美国都做一个现代化的民主国家,才是他明确的目标,他为之付出的,是自己的生命!他知道自己面临的是什么,但他毫不畏惧只管前进。他真是一个男子汉!

我要做一个林肯一样的男子汉!

丁勇的材料：

做个桑地亚哥又如何

我的楼上有一个学姐。说她是学姐，其实不是，因为她大学已经毕业，过去又不是在我们中学读书。我称她学姐是因为她在我之前考大学而且考上了，又因为住在我家楼上。

学姐长得很阳光，这主要是指她大学毕业以前。她上高中的时候，我还在小学呢。我看她每天高高兴兴背着书包去上学，叮叮咚咚从楼上下来。如果我还没走，我都要到猫眼那里看着她拿着面包酸奶笑眯眯地走出门去。

等她读了大学，假期回到小区，那时，我的感觉是小区忽然变得明亮起来。她从车上下来，拖着拉杆箱，抬着头走着，好像迎着阳光似的。所以我就在心里认她做了学姐。我的哥们儿宋明明说我这是暗恋，恋姐情节。其实不是，我说不清楚是什么，总之很复杂。

有时我有一种怪诞的想法，要是学姐永远不毕业就好了，她永远不毕业，是不是就永远拖着拉杆箱，抬头迎着阳光走呢？

学姐毕业了。第一年，我还能在她脸上看见依稀的阳光，渐渐地，阳光消退，阴霾统治。听老妈说，学姐毕业半年，都没有找着工作，只有在家啃老。后来好不容易找着了一个不知什么工作，但那点工资，还不够她的化妆品费，要知道，学姐是很漂亮的。

我考上高一时，看见学姐脸上有了一些灿烂，可惜，我不能称为阳光了。因为学姐穿得渐渐有了些富贵气。她当然再也不会拖拉杆箱了，而是穿着一双挺耀人眼的高跟鞋，走向一辆宝马车。

现在，难得碰见学姐了，她已不长住这里，只是来看看她的老爹老妈。有一天，我还未进门，正碰见她从楼上下来，我已经失去了过去的那种心跳感，却发现她灿烂的眼神里有一丝迷茫和凄苦。尽管只是一丝，而且埋藏得很深，也许深得她自己都没有发觉，但我发觉了！

听老妈说,学姐嫁给了一个带着9岁女孩的大款。刚认识的时候,那女孩是叫她姐姐的。老妈说,交谈中,大家都为她庆幸,要不是长着一张漂亮的脸蛋,有着一副杨柳似的细腰,怕还在楼上靠着老爹老妈呢。现在,爹妈都沾了她的福气了,什么都不愁了!

这就是读了四年大学的学姐的理想归路?

那我们还读个啥?

我们又没有那漂亮脸蛋、杨柳细腰。

遇上女富婆?张大鹏有这个机会。

可是,我们为什么要奋斗,要读大学?因为我们是学生。学生,不读大学,那说明你不是一个好学生!知道学姐眼里为什么有那么一丝迷茫和凄苦?因为她知道这并非她要的结果!我希望有一天我再碰见学姐,她还能还我一个阳光的笑脸!

尽管那天我们几个铁哥们儿曾经心冷一时,但我们随之热血贲张,因为我们几个都是响当当的男子汉。

有人说海明威的《老人与海》是写给那个时代的,我却不赞成,我认为《老人与海》正是写给我们这个时代的!

当他一次又一次空手而归,却屡败屡战,直至鼓起更大的勇气,驾一叶小舟,向深海进发!当他一次又一次与大自然搏斗,与凶猛的鲨鱼搏斗,最终还是没能保住自己的收获,只带回了一副偌大的鱼骨架。作为一个面向险恶的斗士,用书中那孩子说的话来说:"它没有打败你,它没有。"

因此,无论7年以后,我们面临什么未知数,面临什么艰难,我们都必须记住捕鱼老人桑地亚哥的话:"人尽可以被毁灭,但却不能被打败。"

姚俊的材料：

没有希望就是希望

我的电脑桌上，摆着一本《格兰特船长的儿女》，我完全被那惊心动魄的故事所吸引，我也完全理解了宋明明的叔叔给我们的推荐语：当你们再一次阅读这些作品的时候，你们就了解了什么是九死一生的境遇和百折不挠的精神了！

下面是我随手在这部伟大的小说里摘抄的情节：

一行人整天在树林里和平原上走着。门格尔根据太阳和星辰的位置测定方向。幸好老天帮忙，温度不太高，天又不下雨。不过这些历尽千辛万苦的旅行者却越来越觉得累；越累越走得慢……

大部分时间里，爵士独自一人走着，他越接近海岸，就越想起邓肯号和船上的船员。他在抵达奥克兰之前还可能会碰到许多危险，但是他把这些危险都丢到脑后去了，只想到船上那些被惨杀的水手们。这幅可怕的画面老是离不开他。

……

他们现在不是在走路，而是一步一步地往前挨。他们仿佛失去了灵魂，只剩下了躯壳，他们失掉了五官的感觉，就只靠着那仅有的求生本能来带领他们前进。最后，他们终于挨到了乐亭尖，总算到达太平洋的海岸了。

这地方有几个空着的草棚，还看得出这是最近遭受战争破坏的一个村落，还有一些田地，也都荒芜了，到处是劫掠和焚烧的痕迹。就在这里，那不如人愿的命运还安排了一个新的可怕的考验在等待这些不幸的人们……

在这样一群人中,有一个刚结婚3个月的少妇,有一个16岁的女孩和一个12岁的男孩。他们从苏格兰出发,不远万里,驾着一条蒸汽双桅游船,穿越广阔的太平洋和大西洋,去寻找失踪两年的格拉特船长。16岁的女孩和12的男孩是失踪船长的儿女,而那位刚新婚3个月,年仅22岁的海伦夫人,却是游船的主人,为了帮助那两个无助的孩子,义不容辞地和丈夫一起驾船驶向那深不可测的海洋。

他们穿越了地球上最大的两个海洋,穿越了神秘而尚未开发的大陆,遇见了多少危险啊!他们九死一生,常常在前面等待他们的,是不可预见的危险,就像前面摘引的一段话,那是一种毫无希望的前途,预知的只有死亡,但他们矢志不渝,没有害怕,没有沮丧,没有退却,坚忍不拔地去克服接踵而来,不可想象的困难。

由于他们的坚强意志和坚韧毅力,由于他们不顾一切只管奋斗的顽强精神,所有的没有希望,最后都变成了希望。

精神和毅力,是克服一切困难最重要的动力来源。虽然我们才是一个高一的学生,但是周围的朋友,熟悉的学哥学姐们,网络上纷纷而来的信息都告诉我们,就算考上了大学,就算大学毕了业,就业也很艰难。前行路上,有多少难以想象的困难啊!

但人不能没有精神,人不能没有意志,否则就是行尸走肉,我们的学哥学姐们,有艰难万状暗夜摸索的,也有自强自力,创业成功的。

还是像22岁的海伦夫人和那16岁的女孩、12岁的男孩那样吧,只考虑这事该不该做,该做的事就勇往直前地去做吧,而不要瞻前顾后,畏缩不前。一艘装载二三十人的蒸汽帆船,就那样义无反顾地驶向了神秘无边的太平洋和大西洋。我们,能算困难吗?

我相信,只要有了她们这样的精神,7年后的渺茫目标总会变成我们前行的动力和希望!

宋明明的材料：

不怕前路险阻只管冲

这是21世纪，我们穿着漂亮的衣服，坐在明亮的教室里，听老师讲课。放学了，如果愿意，我们还可以在街道两边的面包店里买一块奶油面包，边吃边往回走。如果学校离家还比较远，我们可以乘公共汽车，很多同学的家长也自驾轿车来接送他们。回到家，爸爸妈妈或者奶奶已经做好饭菜，等着我们享用。

但我们并不愉快，因为我们的前面困难重重，高考竞争激烈，高考录取率早已超过半数，但录取率越高，竞争越大，因为大学生越来越多，非大学生越来越少。你高考录取不上，你就变成了差生，变成了少数。

就业竞争更加激烈，升大学，是大多数学生都能实现的愿望，但大学毕业，想顺顺当当地就业，就成了只有少数学生能够做到的事情。

怎么办？怎么对待？

有很多种回答。但我认为最重要的，是不能事情没做，先强调困难，那样就会畏缩不前，丧失信心。而要面对目标，只管勇往前行。

我看了《格兰特船长的儿女》，当中有一段对话，很有意思。

那是1864年，一个16岁的姑娘和12岁的男孩即将乘坐一个蒸汽双桅帆船远赴大西洋和太平洋，远赴南美洲和大洋洲寻找失踪的父亲之前的一段对话。

"这次航行你受得了吗，玛丽小姐？"爵士问。玛丽小姐，就是那16岁的女孩。女孩回答："受得了，爵士，感觉还可以，而且，我不久也就习惯了。"

"那小罗伯尔呢?"小罗伯尔就是那12岁的男孩。

"啊!您别问罗伯尔,他不是钻在机器间里,就是扒在桅顶上。我保证这孩子不懂得什么叫晕船。喏!您看。"船长手一指,大家的眼睛都向前桅看去,罗伯尔吊在小顶帆的帆索上,在30米高的高空上悬着呢。玛丽看了不由得大吃一惊。

就这样,他们驶向了广阔无边、危机四伏的海洋。

他们遇到了什么,用叔叔的话来说,"九死一生,百折不挠"。在危险的途中,他们往往已经做好了赴死的准备,但没有害怕,没有退却,勇往直前,直至他们期盼很久但并不能预见的胜利。

小说这样描写那胜利来临的时刻:

三个月前怀着希望去寻找遇难船员的胆气豪壮的这班旅行者,现在个个都像鬼一样,仿佛是死后的游魂跑进了游船。对这只游船,他们早已死了心了,不打算再见到了,而现在居然又回到了这只船上,这完全是偶然,碰巧的事啊!而大家回船的时候又是多么狼狈,多么憔悴,真是一副九死一生的样子呀!

它航行了5个月回来了,在这5个月当中,它严格地循着南纬37度线,环绕地球一周。这次值得纪念的旅行,在英国旅行社的编年史上还是空前的一次呢。船上的乘客穿过了智利、阿根廷共和国,经过了大西洋、达昆雅群岛,经过了印度洋、阿姆斯特丹群岛、澳大利亚、达抱岛,还穿过了太平洋。他们的努力绝对没有白费,他们把不列颠尼亚号的遇难船员载回了祖国。

我想,话也不必多说了,我们只要有那样的决心,我们就一定能胜利!

姜辰浩的材料：

只管走好人生每一步

我们处在一个特殊的阶段，在我们的前方，有着两个充满未知却必须全力去攻克的关口，一个是高考，一个是就业。说起这两个关口，一种悲观的情绪就笼罩着所有的同学。一个同学告诉我，他的堂哥，大学毕业，没有一个理想和安定的职业，至今在外漂流，也不愿意回家，说对不起家人，没脸回家，什么时候事业有成了再回来孝敬父母。他的婶娘，每每说起就泪流满面。而另一个同学则说，他邻居家的一个学姐，遭遇则更复杂，颇具传奇色彩。那位学姐高考落选，连三本都未考上，偏偏这位学姐心高气傲，她宁愿在移动公司门口给人贴手机膜，在人行天桥下摆摊，就是不上高职院校。家里没法，又不富裕，现在家里在千方百计给她筹钱，只望有了本钱能够给她租一间小屋，开一个"精品店"，好歹能自食其力。这就是学姐全家的最大心愿。

因此，现在同学们都没有谁敢于谈论什么理想、事业之类的话题。要聊，就是两个话题，一个是前途渺茫，一个是乱扯八卦，转移精神压力。

我的家境较好，家里谈到我的话题，只有两个字：学习。但是，其实我感觉得出来，高考，我不存在考不考得上的问题。只存在考上哪一个层次的大学的问题，但是大学毕业，虽然还似乎遥远，但其实我感觉得到，一种心理阴影，还是笼罩着我家的只是我的爸爸妈妈，不会在我的面前提及而已。

但自从我们认认真真读了叔叔推荐的《老人与海》、《格兰特船长的儿女》和《林肯传》以后，我的思想已经豁然开朗。其实，爸爸妈妈不提及未来，也是对的。人的命运，不可预测。平常我们所谓的理想，只是空想，那是自欺欺人的画饼。最重要的，是每一个年轻人，需要踏踏实实，一步一个脚印，走好每一步。只要你踏实走好了每一步，前方，就会有新的坦途在等着你。一步一步，你就会越来越登高向上。悲观情绪是最不需要的,悲观情绪其实是一种最卑微也最害人的情绪。这是我读《林肯传》得到的最大启示。

说到人生困境,我们哪里比得上伟人林肯?有谁相信,世界上最伟大的总统之一,他的童年和青年时代,竟会如此困窘惨淡。你看看他的童年:

四岁的小男孩被风惊醒,狂风掀下壁炉上的一块砖头,把它甩在墙上,男孩和姐姐恰恰就睡在那儿,他俩并排枕在一个装满树叶的口袋上;他靠墙睡,因为姐姐萨拉对寒冷更加敏感,如果冷风从墙缝吹进来,她会冻得哆嗦,而这男孩则骨骼粗壮、结实,靠墙睡对他来说不成问题。不过姐姐总是把那张狐狸皮往她那边拽。这张狐狸皮是爸爸不久前打死一只狐狸得到的,盖在身上很暖和。熟睡中,姐姐使劲地揪住狐狸皮不放,他怎么也拉不过来。天冷极了。姐姐紧挨着他,他能看得到姐姐的手、耳朵和压乱了的头发。因为他俩的腿紧紧地裹在狐狸皮里,所以他还能触到姐姐的脚。壁炉里的炭火在小屋里泛出一线光亮,只有这丝光亮陪伴着醒来的男孩苦度寒夜。

一点不夸张地说,比起林肯的童年,我们简直如生活在天堂一般了。要知道,在林肯的童年,除了生活的艰难和艰苦的劳动,林肯几乎没有幸福可言。林肯的父亲并不赞成林肯上学,因为他认为对于林肯来说,上学完全没有意义。幸好林肯遇到了一位明智的继母,是继母支持他上学读书,否则,哪有后来的林肯。但是,林肯的学习环境,那是一种什么样的条件啊:

遗憾的是,那时候纸张少而昂贵,林肯不能常用纸和笔练字,就在家里自己把削尖了的木柴熏黑,先在箱子盖上练习,等练得差不多了,才小心翼翼地拿出一张宝贵的纸,想出最重要的内容,然后把它尽可能简练地写在纸上。这样学着练着,林肯的字越写越好,而他也已经长成个十四岁的大男孩了。但他写字的手指却不够灵活，因为自小他一直用手推拉装卸。冬天，孩子们的手经常冻僵，大人们不得不把烤热了的土豆塞到他们手里。这样，他们到了学校的时候，手指才不至于被冻得麻木而写不好字。学习期间，一旦家里缺钱用或者需要帮手，林肯就得辍学回家。对他来说，家里的生活和生炉子用的柴火比上学更重要。一头牛犊能值八美元，书本能值多少？尤其对荒凉的美国西部来说，学会使用斧头远比学会使用笔重要得多。

　　十六岁的时候，林肯被人们称为"最棒的伐木者"。"林肯所有上学的时间加在一起还不足一年。由于他长期干重活，用刨子，用锯子，拉犁，拉缰绳，当然最多的还是使用斧头。他的手早已变得粗糙笨拙了，但他写起字来却既快又漂亮。"就在这样的环境和条件下，林肯"对思考的兴趣与日俱增"，"有一次，林肯看到一群孩子正在折磨一只乌龟，他们在乌龟的壳上点火，一气之下他赶走了这群残忍的小家伙，跑回家去写下了一篇抨击虐待动物者的文章。这可能是林肯第一次尝试写作。在此后的一段时间里他又写了几篇反对酗酒的文章。"这就是我从《林肯传》里了解到的青少年时期的林肯。林肯之所以成为后来的林肯，我的最大感受，就是他在任何艰难困苦的时候都保持着乐观和对客观世界的无比关心，他任何时候都竭尽全力做好自己的工作。他"对思考的兴趣与日俱增"，并不是在斤斤计较自己的前途，而是在这个世界的合理与不合理。作为"每一个阶段的林肯"，他是一个最好的伐木者、是一个最好的学习者、是一个最好的船员、是一个最好的店伙计！贯穿在林肯一生当中的爱好和特长，可能就是演讲了。作为玩伴，他给小伙伴们演讲；作为同村人，他给村民们演讲；甚至作为侍者，他给到酒店里喝酒的客人们也演讲，然后，才发展到了到议会进行演讲。进议会演讲之前，他的演讲与他的生计完全无关，那只是他取得快乐的一个爱好。

　　这就是林肯给我的最大的启示：走好人生每一步，保持乐观的精神，保持只为自己带来快乐的爱好！

我的心中,已经完全没有阴霾!

最后,宋明明的叔叔又抓起纸和笔,"刷刷刷",递给姜辰浩和宋明明。

姜辰浩和宋明明接过纸条,看叔叔这次又写了什么。

纸条上写着:

第一,材料真实,来自于亲身经历和经典阅读,具有不可模仿性,感人、动人,以此作写作材料,具有了质量基础(是"质量基础",而不是所谓"例子")。本次战役第一阶段,可以给90分。

第二,本次战役第二阶段,阅读经典,收集理论性论据。

第三,对于理论依据,我更不赞成你们依靠老师提供和网上收集的所谓参考资料里那些片言只语、格言警句的所谓理论依据,片言只语怎么可能有真正的内涵呢?那样的"论据"只能是形式点缀,不能使议论文达到真正的深刻。你们应该去找一些名家的有关著作和文章来认真阅读,认真体会这些"高人"(高文化素养的人)的人生哲学。

宋明明叔叔看大家准备的材料

推荐两篇与你们的主题直接相关的文章,认真阅读后,你们可以从里面得到一些契入灵魂的启发。这样,在写自己的文章时,你们的运用就不是几句穿插点缀式的所谓理论根据的引用,而是会使你全篇文章都达到一种厚重的高度。

推荐的文章:

1. 1983年版商务印书馆"汉译世界学术名著丛书",水天同译《培根随笔集·论困厄》。(注:《论困厄》后亦译为《论逆境》)

2. 中华书局1988年版,梁启超《饮冰室合集·论毅力》。

接着,叔叔递过来一沓纸,说:"这两篇文章,我已经给你们打出来了,你们去认真地讨论讨论,很有好处的。"

论逆境

(英)培根

"一帆风顺固然令人羡慕,但逆水行舟则更令人钦佩。"这是塞涅卡效仿斯多派哲学①讲出的一句名言②。确实如此。如果奇迹就是超乎寻常,那么它常常是在对逆境的征服中显现的。塞涅卡还说过一句更深刻的格言:"真正的伟大,即在于以脆弱的凡人之躯而具有神性的不可战胜。"这是宛如诗句的妙语,其境界意味深长。

古代诗人在他们的神话中曾描写过:当赫克里斯③去解救盗火种给人类的英雄普罗米修斯的时候,他是坐着一个瓦罐漂渡重洋的。这个故事其实也正是人生的象征:因为每一个基督徒,也正是以血肉之躯的孤舟,横游在波涛翻滚的人生海洋的。

面对幸运所需要的美德是节制,而面对逆境所需要的美德是坚韧,从道德修养而论,后者比前者更为难能。所以,《圣经》之《旧约》把顺境看作神的赐福,而《新约》则把逆境看作神的恩眷④。因为上帝正是在逆境中才会给人以更深的恩惠和更直接的启示。

如果你聆听《旧约》诗篇中大卫的竖琴之声,你所听到的那并非仅是颂歌,还伴随有同样多的苦难哀音。而圣灵对约伯所受苦难的永远远比对所罗门财富的刻画要更动人⑤。

一切幸福都绝非没有忧虑和烦恼,而一切逆境也都绝非没有慰藉与希望。

最美好的刺绣,是以暗淡的背景衬托明丽的图案,而绝不是以暗淡的花朵镶嵌于明丽的背景上。让我们从这种美景中去汲取启示吧。

人的美德犹如名贵的檀木,只有在烈火的焚烧中才会散发出最浓郁的芳香。正如恶劣的品质会在幸福而无节制中被显露一样,最美好的品质也正是逆境中而灼放出光辉的。

注:

①斯多葛哲学,有禁欲,苦行主义之称,故言。
②塞涅卡(4—65),古罗马斯多派哲学家。
③赫克里斯,希腊神话之大力士。普罗米修斯,盗天火给人类者,因触怒宙斯而被缚于高加索之山后被赫克里斯所解放。
④《圣经》的《旧约》,劝诫人类信仰上帝以获取幸福;《新约》则劝诫人类要承受因信仰而可能招致的痛苦。
⑤见《圣经·约伯记》。所罗门,《圣经》中的古代著名国王,富有智慧。约伯·希伯来之族长,一生含辛茹苦地侍奉上帝。

论毅力

梁启超

天下古今成败之林,若是其莽然不一途也。要其何以成,何以败?曰:有毅力者成,反是者败。

盖人生历程,大抵逆境居十六七,顺境亦居十三四,而逆境又常相间以迭乘。无论事之大小,必有数次乃至十数次之阻力,其阻力虽或大或小,而要之必无可逃避者也。其在志力薄弱之士,始固曰吾欲云云,其意以为天下事固易易也,及骤尝焉而阻力猝来,颓然丧矣;其次弱者,乘一时之意气,透过此第一关,遇再挫而退;稍强者,遇三四挫而退;更稍强者,遇五六挫而退;其事愈大者,其遇挫愈多;其不退也愈难,非至强之人,未有能善于其终者也。

夫苟其挫而不退矣,则小逆之后,必有小顺。大逆之后,必有大顺。盘根错节之既经,而随有应刃而解之一日。旁观者徒艳羡其功之成,以为是殆幸运儿,而天有以宠彼也,又以为我蹇于遭逢,故所就不彼若也。

庸讵知所谓蹇焉、幸焉者，皆彼与我之相同，而其能征服此蹇焉，利用此幸焉与否，即彼成我败所由判也。更譬诸操舟，如以兼旬之期，行千里之地者，其间风潮之或顺或逆，常相参伍。彼以坚苦忍耐之力，冒其逆而突过之，而后得从容以进度其顺。我则或一日而返焉，或二三日而返焉，或五六日而返焉，故彼岸终不可达也。

孔子曰："譬如为山，未成一篑，止吾止也；譬如平地，虽复一篑，进吾往也。"孟子曰："有为者，譬若掘井，掘井九仞，而不及泉，犹为弃井也。"成败之数，视此而已。

译文：

天下古往今来种种成败的人和事，它们所经历的道路是如此的纷繁不同。概括地推究：它们为什么成功，又为什么失败呢？回答是：有毅力的就成功，反之则失败。

人生的历程，大体逆境占了十分之六七，顺境也占了十分之三四，而顺逆这两种境遇又常常是相互交替着轮流出现。无论事情是大是小，必然会遇到几次乃至十几次的阻力，这种阻力虽然有的大有的小，但总之必定是不可避免的。那些在意志和能力方面薄弱的人，开始的时候一定会说我想要如何如何，我要如何如何，他心里认为天下事本来就是很简单容易的，等到马上尝试，阻力突然来临，就颓然丧失了信心。那些意志能力比较弱的人，凭着一时的意气，通过了这第一关，遇到第二次挫折就退缩了；意志能力稍强的人，遇到三四次挫折才退缩；又坚强些的人，遇到五六次挫折才退缩。他所做的事情越大，他遇到的挫折就越多，他不退缩也就越难。不是极其坚强的人，就没有能够善于达到它的终点的。

如果遇到挫折而不退缩，那么小的逆境之后，必定有小的顺境；大的逆境之后，必定会有大的顺境。经过了盘根错节的复杂情况以后，问题才会有迎刃而解的一天。旁观者只是非常羡慕别人的成功，认为这个人大概是个幸运儿，而老天总是因为某种缘故宠爱他；又认为我遭遇不顺利，所以成就也比不上他。这种人哪里知道所谓的"不顺"啊，"幸运"

啊,对于他和我都是相同的,而是否能征服这些"不顺",同时又利用这些"幸运",正是他成我败的区别所在。再用驾船来做个比方,如果用二十天的时间,来走一千里的路程,这期间风向潮流有时顺有时逆,常常交互错杂。他凭着艰苦忍耐的力量,迎着那逆风逆流冲了过去,然后能从容地前进,去度过顺风顺水的一段。但是我或者一天就退回来了,或者两三天就回来了,或者五六天就回来了,所以彼岸就始终不可能到达。

孔子说:"比如造山,还差一筐土,如果停止下来,那是我自己停止的;又比如填平土地,即使只倒了一筐土,如果继续去填,那是我自己去填的。"孟子说:"做事的人,比如挖井,挖了七八丈深,还没有挖到井水,还是废井。"成败的规律,在此而已。

看到宋明明的叔叔给他们的资料和纸条上的要求,张大鹏说:"哈,我们已经收集了那么多理论资料,还不如两篇文章?"

姚俊搔了搔脑壳,说:"经明明叔叔一点呢,我倒有点恍然大悟,我们收集的那些格言警句呢,倒的确很难说是什么'理论',其实也不是依据。"

宋明明说:"我觉得叔叔的话很有道理,'理论依据'和'形式点缀'的确是有区别的。"

丁勇说:"经宋明明的叔叔一点,我也觉得有点豁然开朗,那的确不过是弄一点名人名言在上面好看,花哨一点,最多就是老师说的'文似看山不喜平',拐两个弯而已,要说我们有'理论依据',怕是一点理论的意思都没有!"

姚俊说:"就是这个道理,丁勇说到关键上啦!唉,我觉得,写文章那些事儿,是越来越明白了!"

宋明明说:"不是我自夸自家叔叔,我叔叔这种议论文高手,他一定是有道理的。"

姚俊"切"了一声说:"你叔叔这种高人,哪是需要人夸的!"

张大鹏说:"那大家就坐好,我给你们倒茶。辰浩读书读得好,你就

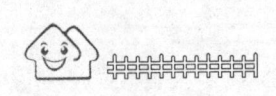

读两遍,大家就聊一聊呗。你们几个都是高手,聊聊不是大家就明白啦!"

大家都拍手说:"大鹏说得没错。辰浩,你认真读,我们一边看到一边认真听,大家细细品味品味。"

于是,姜辰浩就认真读,大家就认真听。读了一遍,大家觉得和上课时老师读课文也没有什么区别!于是再读,一直读到第三遍,大家竟然觉得,是有些味道了。于是大家纷纷发表"高见"。

宋明明说:"哎呀,真是神灯!从来没有觉得这些文章有啥看头,不可思议,不可思议!"

姚俊说:"那就按叔叔的要求,把它写出来呗,我觉得已经好写了!"

大家也说,"好写了!"

于是大家就回去写阅读体会。

第二天,大家又聚到姜辰浩家。

一进门,丁勇就说:"大虾们,都写好没有?"

大家都兴冲冲地说:"写好了,已经发到姜辰浩的邮箱里了!"

"那就上坐呗,还是我给弟兄们倒茶哈。"张大鹏总是一上来就先把服务员的角色抢占了。

大家竟正襟危坐,从姜辰浩开始,依次朗读自己写的体会。

朗读完了,大家一阵"暴风雨般"的掌声。

张大鹏十分感叹地说:"哎呀,其实要不是时间太紧,晚上回去还有作业,我真想写长一点。真是奇了怪了,以前要是叫我写这种感想,尤其是对这种古人的、洋人的文章谈什么感想,我除了网上下载,就是请姜辰浩帮忙,哈哈!昨天回去,你们猜怎样?刷刷刷,一挥而就!我叫我妈过来一下。我妈过来了。我就问她:'妈,你看坐在这里的人是我吗?'把我妈吓得,赶紧叫老爸!"

大家哄堂大笑!

下面就是他们写出来的阅读体会。

姜辰浩的阅读体会：

　　说得多好啊！"一帆风顺固然令人羡慕，但逆水行舟则更令人钦佩。"这是培根引用的塞涅卡的一句名言。我们正处在一个新的起点上，我们现在羡慕的，的确是那些有着强大的背景而诸事顺利、无需自己操劳和奋斗的"二代们"，我们已久违了"钦佩"的意愿和追求。我们只想被人羡慕或者羡慕别人，而不是钦佩别人或者让别人钦佩。因此，普遍的情况是怨天尤人，更多的是抱怨自己的爹怎么不是人家那种呼风唤雨的爹。这样，我们就缺少了创造精神。

　　有了追求"钦佩"而不是"羡慕"的精神，我们才不会被未来那风云诡谲的状况弄昏了头。要知道，我们正在逆水行舟的阶段，我们应该放手一搏，无论我们什么时候抵达彼岸，我们赢得的是尊重，是"钦佩"而不是羡慕；要知道，透过现象看本质，羡慕的另一面，其实就是鄙夷。当人们羡慕"二代们"的时候，谁不是在内心里诅咒他们呢？

　　培根还引用了塞涅卡的另一句话："真正的伟大，即在于以脆弱的凡人之躯而具有神性的不可战胜。"培根认为，"这是宛如诗句的妙语，其境界意味深长"。我知道，我们就是脆弱的凡人之躯，在目前，我们最需要的就是那"具有神性的不可战胜"。我已经知道，这7年，我应该怎么去面对。我也已经知道，7年以后，我又该怎么去面对！

宋明明的阅读体会：

　　人生逆境多，顺境少，而逆境之途，还会困境迭起。我们进入了高一，回想走过的路程，磕磕绊绊，常常险象环生。老师先是怒骂狂吼，再苦口婆心。终于走过来了，却不堪回首；再观前面路程，前途渺茫。越来越汹涌的信息，叫人不寒而栗。怎么办？

　　那就看"大虾"梁启超是怎么说的吧："盖人生历程，大抵逆境居十六七,顺境亦居十三四,而逆境又常相间以迭乘。无论事之大小,必有数次乃至十数次之阻力,其阻力虽或大或小,而要之必无可逃避者也。其在志力薄弱之士,始固曰吾欲云云,其意以为天下事固易易也,及骤尝焉而阻力猝来,颓然丧矣;其次弱者,乘一时之意气,透过此第一关,遇再挫而退;稍强者,遇三四挫而退;更稍强者,遇五六挫而退;其事愈大者,其遇挫愈多;其不退也愈难,非至强之人,未有能善于其终者也。"

你是要做"至强之人"呢,还是要做"志力薄弱之士"呢?"其阻力虽或大或小,而要之必无可逃避者也"。现实当前,逃避本也是不可能的,除非你做宝塔中学那位神经脆弱的考试神童,在10楼踊身一跳。那么,难道我们还能选择后者吗?

那就拼搏呗!没看梁启超"大虾"说得那么清楚:"行千里之地者,其间风潮之或顺或逆,常相参伍。彼以坚苦忍耐之力,冒其逆而突过之,而后得从容以进度其顺。我则或一日而返焉,或二三日而返焉,或五六日而返焉,故彼岸终不可达也。"

偷懒怕苦,只想舒服,遇难而退,当然"彼岸终不可达也",梁"大虾"还用孟子"祖爷爷"的话告诉我们:"有为者,譬若掘井,掘井九仞,而不及泉,犹为弃井也",拼下去,不会死,不拼,前面9年功夫,白费!

姚俊的阅读体会:

人们常说"要有毅力",其实,毅力和困境就是一对双生子。没有困境,何需毅力;没有毅力,遇难而退,困境可能避开了,但更大的困境产生了,那就是一事无成。其实,更可能也避不开。因此,培根说:"如果奇迹就是超乎寻常,那么它常常是在对逆境的征服中显现的。"梁启超也说:"天下古今成败之林,若是其莽然不一途也。要其何以成,何以败?曰:有毅力者成,反是者败。"

因此,我们在困难面前,就是要有一点毅力,有一点精神。实际上,从我们跨进高中那一天起,我们就已经处在了困境中,不是我们学习不好,我和我的朋友们,学习都是过得去的;而是高考竞争近乎残酷,而就业竞争简直残忍,甚至有1000多人去争1个职位的!因此,我们面对的绝对是困境,我们需要的绝对是毅力!记住梁启超的话:"有毅力者成,反是者败。"

有长者说得好:"努力了,拼搏了,没有成功,不会后悔;没有努力,没有拼搏,失败了,绝对后悔,因为你的付出不能证明你不能成功。"我的一个哥哥,连考了三次高考,都没有考上。三次失败后,家里的气氛反而由沉闷压抑变成了欢乐舒畅,因为他努力了。爸爸妈妈也看见了,没有理由再埋怨他,也没有理由再强迫他。于是,他走上了创业之路,开了一个网站。他现在兜里有硬通货,活得滋润着呢!因此,我完全信服培根先生的哲理:"一切幸福都绝非没有忧虑和烦恼,而一切逆境也都绝非没有慰藉与希望。"

既然如此,我们还婆婆妈妈、哼哼唧唧做什么,勇往直前,干呗!

丁勇的阅读体会:

不读书,你永远是个娃娃;不认真读书,你还是个长不大的娃娃。多读书,当然好,但认认真真读透了,才是真正的好。我的一位长辈,是个读书读得很明白的人。他银发飘飘,却精神抖擞,走起路来,不输年轻人。他说,之所以如此,就是因为书读透了。这话有点玄,其实中间省略了很多环节,最终结论肯定是对的。读书读透了,就知道思想该乐观,精神该愉快,身体该爱惜,生命该运动。他说:"莫信五柳先生的狗屁话,'好读书而不求甚解',你要知道,那恰好是读书'已经甚解'了才说得出来的!"

这次,我们读了两篇文章,没有老师分析指

丁勇

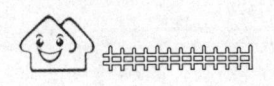

导,大家一起乱聊。嘿,从来没有觉得这种文章竟然这么有意思! 也从来没有觉得哪篇文章读得这么入心,这么透!

大家读一读的,聊一聊的,竟然对未来莫名其妙充满了信心,甚至充满了激情。

你看高人梁启超说的:"苟其挫而不退矣,则小逆之后,必有小顺。大逆之后,必有大顺。盘根错节之既经,而随有应刃而解之一日。"以前老师给我们分析这样的文章,要不是考试在那里卡着,个个的心恐怕都早跟着鸿鹄飞到九霄了! 偏偏自己聊,怎么觉得的确是有道理呢! 世上的事情,哪有那么轻而易举的? 怨天尤人没有用!

那就听听梁启超他老人家的话:"以坚苦忍耐之力,冒其逆而突过之,而后得从容以进度其顺。"不管高一、高三,大一、大四,只管拼命往前冲就是!

张大鹏的阅读体会:

我看到这句话就来劲:"真正的伟大,即在于以脆弱的凡人之躯而具有神性的不可战胜。"培根说"这是宛如诗句的妙语,其境界意味深长",我也这样认为。

我看到培根这句话就有些惊讶:"每一个基督徒,也正是以血肉之躯的孤舟,横游在波涛翻滚的人生海洋的。"道理是不错的,但不仅是"基督徒"才"以血肉之躯的孤舟,横游在波涛翻滚的人生海洋",是人都是"以血肉之躯而横游在波涛翻滚的人生海洋中"的。我们这些"站在新的起跑线上的"高一学生,不是正面临着波涛翻滚的人生海洋?

要不是我们正面临此境,我们怕是没有如此起劲地读他老先生这篇文章的雅兴哕!

不过奇怪得很,你真的认真去读,你就觉得很来劲了。

我们这些站在人生跑道上的年轻人,读一读这些文章,真的有好处,真的能够给你鼓起劲来!

还有,你看梁启超说的:"志力薄弱之士,始固曰吾欲云云,其意以为天下事固易易也,及骤尝焉而阻力猝来,颓然丧矣;其次弱者,乘一时之意气,透过此第一关,遇再挫而退;稍强者,遇三四挫而退;更稍强者,遇五六挫而退;其事愈大者,其遇挫愈多;其不退也愈难,非至强之人,未有能善于其终者也。"

你说我们这些男子汉,该做哪种人?我们遇上的就是人生顶级大事,肯定是"遇挫愈多",当然我们必须做那"至强之人",因为我们必须"善于其终"!

姜辰浩又把大家的体会打印出来,交给宋明明的叔叔。宋明明叔叔又是仔细地看了,拿起纸笔,又是刷刷刷写了几行字。

姜辰浩和宋明明一看,上面写着:

第一,很好,不是摘抄所谓格言警句,而是对理论参考文章作深入理解。大家的理解很好,站在自己的角度,完全理解了参考文章的精华所在。这样,今后在文章中运用起来就会发挥真正的作用,能够把对理论的理解融汇到文章行文当中去,不仅仅是使文章有点变化,而是使文章思想变得深入。

第二,我给你们推荐的只是两篇与主题直接相关的文章,你们还应进行延伸阅读。只要是议论文体的文章都找来读一读,学习他们的写作技巧,但更要学习他们的思想深度,看问题的独到性。

但是一定要注意一个问题,那就是"取法乎上",只读大师的文章。先给你们推荐几个人:

鲁迅、梁实秋、梁启超、培根(英)、蒙田(法)。(以上大家文章附全文后)

第三,下面进入第三场战役:论证构思——议论文的结构和手法。

提示:构思的依据:你们的主题;你们的论据。

第一阶段:拟出构思提纲。

小结

议论文的论据

一、议论文论据的含义

(一)议论文的论据

议论文的论据,就是议论文在论证主题(论点)的时候,用来说明、支持议论文论点的材料依据。

(二)论据的类型

1. 事实论据

事实论据,就是说明、支持论点的事实材料,应当独到、贴切、具体、生动。

作为论据的事实材料,大致有以下类型:

(1)具体事例:具有具体情节和细节的典型事实,具有点的作用。

(2)概括事实:对事实的概略介绍,以达到总体的了解,具有面的作用。

(3)统计数字:对事实的精确说明,从量上证明论据的有效性和力度。

2. 理论论据

理论论据,就是说明、支持论点的,已经被公认的,或者具有权威性的理论材料,就是用公认的道理和具有权威性的道理来支持议论文需要论证的道理,应当深刻、准确、权威。(所谓"权威性"除了真正的"权威理论家"以外,也可以包括在报刊上发表的文章言论,以证明自己的观点至少不是孤立的。)

作为论据的理论材料,大致有以下类型:

(1)经典著作和权威理论家提出的观点,包括总体的论点和某一部分的看法。这类理论论据,可以采用归纳、转述的方式提出。

（2）经典著作中或者权威理论家对某一道理具有高度概括和集中意义的语词或句段。

（3）在社会上流传的，具有公认性的谚语、俗语、歇后语和熟语等。此类论据常常具有精辟性和生动性、幽默性。

（4）已经确认和公认的科学原理，如公理、定义等。

二、论据的要求

（一）真实性

引用的论据必须是真实的和合理的，没有虚假表现。

（二）确凿性

论据必须准确恰当。

第一，能够被承认确实的存在性，可信。

第二，内涵定义明确，没有含糊性，也没有夸张性。

第三，与论点逻辑关系准确，联系紧密，紧扣论点。

（三）典型性

论据具有普遍的代表性，能够贴切说明事物的普遍特点和性质，而又具有突出特点和鲜明色彩。

正如在"论点"一章所说，有的短小精悍的议论文，在文章中是"没有论据"的，这时，作者的论据实际上是大家在生活中都有强烈共鸣的经历和现象。我们说，这时，作者引用的实际是"隐性的论据"。

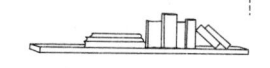

第三章

"严密与巧妙"的论证方能说服人

——写作小组三遇波折，论证要严密、富于变化

好一场激烈的篮球赛啊！双方比分咬得很紧，红队刚刚篮下突破，蓝队马上就是一个3分球；红队刚刚一个快速反击，蓝队马上一个远传上篮。两队的比分此起彼伏，只在3分以内上下拉锯。张大鹏正是红队的主要得分手。

拉拉队那些女生们都疯狂高喊："大鹏，加油！大鹏，胜利！"

当然姜辰浩哥几个"梁山好汉，全数在此"，他们一边喊，一边拍手，整齐有力，节奏强烈："大鹏，啪啪啪！加油，啪啪啪！"结果全体拉拉队倒跟着他们的节奏一起喊了："大鹏，啪啪啪！加油！啪啪啪！"蓝队拉拉队当然不示弱，也一起狂喊，全场高潮迭起。

终场时刻，本来红队超过蓝队两分，但对方孤注一掷，他们的后卫接球后，竟然不管场外的教练大声狂吼："传篮下——"看都不看篮板，3分线外，一个抛物线投球，篮球奇迹般，直飞篮筐！3分！全场轰动！时间只剩1分20秒，忽然比分竟然成了蓝队反超红队一分！

红队发球，蓝队紧逼！红队前锋张大鹏忽然从前场跑到后场接球，打乱了蓝队的紧逼。球刚发到他手里，尚未停留，他马上已经传回给带球后卫，后卫一下又把球传给中锋，蓝队尚未跟上中锋，球又倒回了后卫手里，后卫一个晃动，球已经运到了罚球线外！45秒！球传到了大鹏手

里,红队拉拉队刚喊了半句:"大鹏——"张大鹏却倏尔出手,球玩杂耍般又到了左前锋手里。就在蓝队注意力跟着转到左场,张大鹏却在空档中切到禁区内。左前锋一个假动作准备投球,对方跳起来封顶,球却脱手到了张大鹏的手里。蓝队3个球员不顾一切一起封了过来,张大鹏往左一跨,3双手森林般举起!可是,闪电般,张大鹏却向右一个转身,给了对方3个封篮防守队员一个脊背,他却早转到右栏起跳出手,篮球撞板,哐当!进了球篮!

红队反超一分!

全场都站了起来!就连蓝队拉拉队都一起站起来,全场狂吼!

张大鹏投球

就在这时,终场锣声震动人心地"当当"响起,刚接过球的蓝队队员沮丧地把球往地上一砸,全部蹲在地上蒙住了脸。而红队队员,张大鹏他们激动地在全场欢跳!拉拉队的女生们大喊:"大鹏!大鹏!……"

张大鹏却径直跑向姜辰浩几个哥们儿那里,宋明明和辰浩早把啤酒倒好,大家一起举杯!还未喝呢,却被拉拉队的女生们一拥而上,抢过啤酒杯,把张大鹏围在中间。张大鹏苦笑着,只好和这些疯狂的女娃子喝了一杯。女生们向姜辰浩他们大做鬼脸,哈哈大笑!

等张大鹏换好衣服,从更衣室出来,姜辰浩他们帮他提着球网和运动包,正准备离开,忽然有人喊:"嗨!明明!"大家站住了,姜辰浩和宋明明一看,是叔叔!

宋明明给张大鹏、姚俊和丁勇说:"哥们儿,这就是我叔叔!"

张大鹏他们一听,不由得十分惊喜,也肃然起敬!他们没有想到最近天天在用文字交流的省委省政府的大笔杆子,竟会突然出现在他们眼前。他们想都没敢想能够见面的。宋明明的叔叔微笑着问:"这就是'智囊团'的小伙子们?"

他这一问,几个年轻人反而一脸的不好意思。还是丁勇反应快,嘻嘻哈哈地回答:"叔叔,不是'智囊团',都是您老写作培训班的徒弟呢!"

叔叔微笑着,把手一抬,说:"那就,徒弟们,请吧!"

大家一看,叔叔正指着一辆黑色商务车,宋明明问:"叔叔,让我们上车?"

叔叔说:"怎么,不让我见识见识几个有志青年?师傅不能见见徒弟?"

张大鹏说:"叔叔,那也不能让你来接我们这些臭小子呀!"

叔叔说:"我不是来接你们的。"

大家一齐愣住了:"那?"

叔叔哈哈笑了说:"我是来邀请大家陪我吃饭的!"

大家更愣住了。叔叔说:"上车吧!"大家一边上车,叔叔一边问张大鹏:"你就是大鹏吧?"张大鹏把身子一挺说:"叔叔,我是大鹏!"

"你的那个晃动转身太美啦!"

"叔叔,不好意思!"

"想不想搞专业?"

张大鹏大声说:"叔叔,不想,现在我们哥几个只想跟你当徒弟!"

叔叔哈哈大笑,一边发动汽车,一边说:"啊!现在想学什么的都有,还没有想学我这一行的,那等一会我叫驾驶员来把车开走,我们喝了酒再说。"

宋明明说:"叔叔,我们不能喝酒。"

叔叔说:"咦,你还变成了乖孩子了?每人一杯啤酒,不违反校规和家规吧?"

丁勇说:"叔叔,今天你的话,就是校规家规!"

叔叔哈哈大笑："你们几个哥们儿,十分有意思!"

当叔叔和几个年轻人碰杯的时候,姜辰浩终于问了他好久就想问的问题:"叔叔,我这篇文章准备到现在,都是几个哥们儿大家一起在商议,一起收集资料,这,算我的劳动吗?算不算作弊呢?"

叔叔笑了,放下啤酒杯,说:

"辰浩啊,问得好,说明你是个认真正派的年轻人,是个好小子。你之所以这样问,是还没有完全懂得写作之道。真正的写作,就是一个提高的过程。"

"一般像你们这种比赛,很多选手,在这两个月的时间里干啥呢?一般所谓的收集材料,除了收集点书上和网上的所谓格言警句、小故事小典故之外,就是寻找相关的文章,尤其是获奖征文之类的,模仿甚至照搬。这样,也许某次比赛能够获奖,但写作能力和水平并没有本质的提高。"

"这一个多月来,你们在干吗呢?读书、学习、讨论、交流,那些所谓格言警句,小故事小典故,你们也收集了,那也算是一种扩大感知范围吧,还是有好处的。但你们认认真真读了几本名著,进行了交流,写出了心得体会,尤其是你们还对相关文章进行了认认真真的讨论,写的心得都有了自己的独特认识。这是一种学习的过程。学习,不允许大家交流讨论、共同提高吗?当然不是,因此,在你们共同读书学习写作的过程中,每一个人都完全是在完成自己的劳动。因此,你的劳动就是你的劳动。"

"你们这一个月的功夫,是很有成效的,就像大鹏的上篮,那是通过大家集体努力,通过好多回合,最后才能有大鹏那一个美丽无比的转身上篮,扣球入网。懂吗?"

"怎样才叫不是你的劳动,是作弊呢?比如,明明写的体会,大鹏写的心得,署上你的名字,然后在我这里交差,或者,最后文章的完成,不是你姜辰浩自己写的,而是姚俊写的,或者丁勇写的,却署上辰浩的名,提交给学校,那才是作弊!那才对你们的提高毫无意义。"

"懂啦?"

"懂啦!"

"懂啦,大家就一起喝一口吧。好,这里的酱爆肉,独一无二,大家多吃啊。我看了你们大家写的文章,我就喜欢你们这样的年轻人,想和你们交交朋友,大家再喝一口!"

丁勇半笑半认真地说:"叔叔啊,我有一个想法,我们已经忙乎了一个月了,我觉得最好的学习方式还是要互动交流,你让辰浩和明明把我们叫来一起交流?我觉得我们占了大便宜啦,等于不花钱,上了两个月的培训班呢,哈哈。"

叔叔哈哈笑了:"第一,你说得完全对,写作的东西,文学的东西,社会文化的东西,最好的学习方式都是通过讨论交流后,再静思默想,才达得到一种超越,才达得到思想的突破。"

叔叔问:"你们知道鹅湖山大会吗?"几个年轻人都摇摇头。

"那是宋朝有名的理学家朱熹和陆九渊两派,在江西有名的胜地鹅湖山进行的一场友好相约的论辩盛会。当时,分散于南宋朝各处的学者,如江浙诸友、福建学者:刘清之、赵景明、赵景昭、朱桴、朱秦卿、邹斌、詹仪之等百余人闻讯后都纷至沓来。他们都是胸怀济世雄才和情操的时代骄子,期待着为国家强盛和文化繁荣建功立业。虽然他们之中有很多人,自己的遭遇多有苦难,他们心中的希望之火始终未能泯灭,坎坷与灾难反而成就了他们执著的情怀和瑰丽的人格。他们的讨论交流,碰撞出能够照耀整个时代的思想火花。他们对待国家、对待故园、对待学业、对待艺术、对待人生的态度,足以让历史为他们书写下厚重的一笔。"

"双方围绕'治学教人之法'展开大辩论,在鹅湖寺激辩三天。在这个问题上,朱熹强调'格物致知',认为格物就是穷尽事物之理,致知就是推致其知以至其极。并认为,'致知格物只是一事',是认识的两个方面。主张多读书,多观察事物,根据经验,加以分析、综合与归纳,然后得出结论。陆氏兄弟则从'心即理'出发,认为格物就是体认本心,主张

'发明本心'。心明则万事万物的道理自然贯通，不必多读书，也不必忙于考察外界事物，去此心之蔽，就可以通晓事理，所以尊德性，养心神是最重要的，反对多做读书穷理之工夫，以为读书不是成为至贤的必由之路。"

"双方意见始终不和，论辩的气氛热烈紧张。虽几经商榷，仍然各执己见，但一场学术大辩论使育人教学之理念成为南宋苦难泥淖中迸发出来的一朵光芒闪耀的学术奇葩，对中国的思想学术界是一次极大的推动。鹅湖之会使中国哲学界整整兴奋了八个多世纪。这次论辩直接导致了鹅湖书院的诞生。"

"对于鹅湖之会的这场辩论，朱熹始终不能忘怀。三年后，他写了一首题为《和鹅湖子寿韵》的诗作为鹅湖之会的纪念。其中两句你们听下，'旧学商量加邃密，新知培养转深沉'，学问就是要讨论交流积累，旧学才能一步步趋于更加严密，新学才能一步步趋于更加深刻。说得很好是不是？所以，你们这次活动，通过学习讨论交流，我也能够看到你们的思想一天比一天更加成熟。"

叔叔又问："还有，杜甫、高适、岑参、储光羲几位大文人同登慈恩寺塔，写《同诸公登慈恩寺塔》同题诗的事知道吗？"

几个年轻人又摇摇头，这次觉得有点不好意思了。

叔叔说："大慈恩寺是游乐休闲胜处，寺中大雁塔是长安城中最高建筑，天下名塔，当然成为诗人们最喜欢的登临之处。登上塔顶，纵目远眺，长安风貌尽收眼底。诗人们在此吟咏长安美景，抒发登临时的感受，留下许多著名的诗篇。唐玄宗天宝十一年（752年），杜甫、高适、岑参、薛据、储光羲等到慈恩寺登塔游玩，共同写作《同诸公登慈恩寺塔》同题诗作，成为千古传唱的名篇。比如杜甫的《同诸公登慈恩寺塔》抒写登临所感，着眼于国家兴衰，世移事变。诗的前四句两联是这样的：'高标跨苍穹，烈风无时休。自非旷士怀，登兹翻百忧。'"

"除了经典阅读的讨论交流，同学朋友之间的同题写作，也是一种非常有意思的交流活动，对于写作水平的提高，也是很有效的手段和方法。前辈文化人,经常在一起切磋,那也是一种高雅的人生乐趣。在金钱至上,享受至上的今天,我们总得有一些有志有识的人,追求真善美,社会才有希望。因此,像这样一些历史文化故事,不但对我们的写作有极大的启发,对社会人生也是一种极大的启示。"

丁勇一拍手,说:"叔叔老师呀,既然我们是你的徒弟,你得经常请我们吃这样的饭,讲这样的课哈!"

叔叔也拍了一下手说:"好得很!只要你们愿意,我们大家都可以多学习探讨。这也不能怪你们,很正常,因为大环境不同了。但是作为现代文化人,尤其是写作爱好者,不了解文化历史,就不能提高自己的文化修养。大家都这样,民族就没有希望。我让大家都参与到这个活动里面来,其实主要的目的在这里。我深感欣慰的是,明明和辰浩的朋友们,都是些有志向,有追求的年轻人。所以我愿意和你们交朋友啊,是不是?今天请大家吃饭,就是想告诉大家,我希望你们把这个读书写作的活动坚持下去。"

叔叔举起杯,说:"来,叔叔祝大家坚持到底,参加比赛不重要,重要的是借这个机会,好好提高自己。干杯!"

年轻人们一起举杯!

当大家都酒足饭饱,服务员正在收拾碗盘的时候,姜辰浩问叔叔:"我们已经拟好了一个提纲……"

叔叔说:"那好,带来没有?"

姜辰浩说:"在书包里呢。"

叔叔说:"那就在这里看吧。服务员,泡一壶伫佬乌龙,茶叶加量。"

服务员收拾完了桌子,铺上新桌布,给大家的茶杯斟上,就退出去了。

以下是姜辰浩写的构思提纲:

一、前言:引入论点,阐述主题:(略)

二、事实论据一:(略)

　　事实论据二:(略)

　　事实论据三:(略)

　　事实论据四:简要列举两则论据:(略)

三、理论论据一:(略)

　　理论论据二:(略)

　　理论论据三:(略)

(二三部分事实论据和理论论据,在行文时,可以依据情况交叉进行,使文章具有错落感)

四、结尾:概括前面论据和论述,深化论点:(略)

叔叔边看边喝茶,看着看着,一口茶喷到沙发上,差点打翻了茶杯。他笑了说:

"真是典型的'老三段','提出论点——列举论据——总结深化',这样的结构,说浅显一点,是太简单了,但结构简单不是问题,有的简单的文章也能说出深刻的道理。但是这种征文,简单了的文章是很不容易取胜的,除非你的功力比别人强了很多,但那是不可能的,是不是?"

叔叔停了一下,似乎在思考,然后接着说:

"很多老师都把一篇谈骨气的文章作为议论文的典范,其实那就是一篇很粗浅的议论文,让小学三、四年级的孩子学学,似乎很方便,容易懂,容易模仿。其实好文章多的是。第一,这篇文章就像简单的侦破报告,用三个证据来说明结论,完成;第二,那里面的道理,还用得着专门用一篇文章来议论?太简单,太俗套,想想你们哪个老师,我们哪个领导说不出来?举的那几个例子,除了现在的小学生,有谁不知道?"

"'富贵不能淫,贫贱不能移,威武不能屈',这句话,全中国大凡有点文化的,不知道的,怕没有几个人;文天祥、闻一多,不知道的就更少,你看文章谈的道理:'当然我们无产阶级有自己的英雄气概,有自己的骨气,这就是绝不向任何困难低头,压不扁,折不弯,顶得住,吓不倒,为了社会主义、共产主义建设的胜利,我们一定能够克服任何困难,奋勇前进',这样的道理,我们是不是天天都从各位领导的讲话中听到?"

叔叔的这番话,听得几个年轻人目瞪口呆,但也的确有醍醐灌顶的感觉。

"我这里给你们读一篇结构看起来同样很简单的文章。"叔叔从公文包里摸出一本书,翻了翻,朗读起来:

热爱生命

蒙 田

我对某些词语赋予特殊的含义:拿"度日"来说吧,天色不佳,令人不快的时候,我将"度日"看做是"消磨光阴",而风和日丽的时候,我却不愿意去度,这时我是在慢慢赏玩,领略美好的时光。坏日子,要飞快地"度",好日子,要停下来细细品尝。"度日"、"消磨时光"的常用语令人想起那些"哲人"的习气。他们以为生命的利用不外乎在于将它打发、消磨,并且尽量回避它,无视它的存在,仿佛这是一件苦事,一件贱物似的。至于我,我却认为生命不是这个样的,我觉得它值得称颂,富有乐趣,即便我自己到了垂暮之年也还是如此。我们的生命受到自然的厚赐,它是优越无比的,如果我们觉得不堪生之重压或是白白虚度此生,那也只能怪我们自己。

"糊涂人的一生枯燥无味,躁动不安,却将全部希望寄托于来世。"(古罗马哲学家塞内加语)

不过,我却随时准备告别人生,毫不惋惜。这倒不是因生之艰辛或苦恼所致,而是由于生之本质在于死。因此只有乐于生的人才能真正不感到死之苦恼。享受生活要讲究方法。我比别人多享受到一倍的生活,因为生活乐趣的大小是随我们对生活的关心程度而定的。尤其在此刻,我眼看生命的时光无多,我就愈想增加生命的分量。我想靠迅速抓紧时间,去留住稍纵即逝的日子;我想凭时间的有效利用去弥补匆匆流逝的光阴。剩下的生命愈是短暂,我愈要使之过得丰盈饱满。

年轻人们都被深深地打动了!叔叔没有分析讲解,但今天他们却如此深入地用自己的心在听!他们很奇怪为什么以前听课时,他们觉得这样的文章都很枯燥!

"听了这篇文章,你们有什么感受,这也是小文章,篇幅上的小文章,但这却明显是一篇启迪人心的大文章是不是?"

只见叔叔大笑了几声,忽然严肃地正色说:"你们再听听这些铿锵动听的独特的道理",说着,叔叔又微笑着从公文包里摸出一张纸,朗读起来:

我们已久违了"钦佩"的意愿和追求。我们只想被人羡慕或者羡慕别人,而不是钦佩别人或者让别人钦佩。因此,普遍的情况是怨天尤人,更多的是抱怨自己的爹怎么不是人家那种呼风唤雨的爹。这样,我们就缺少了创造精神。(姜辰浩)

你是要做"至强之人"呢,还是要做"志力薄弱之士"呢?"其阻力虽或大或小,而要之必无可逃避者也"。现实当前,逃避本也是不可能的,除非你做宝塔中学那位神经脆弱的考试神童,在10楼踊身一跳。那么难道我们还能选择后者吗?(宋明明)

高考竞争近乎残酷,而就业竞争简直残忍,甚至有1000多人去争1个职位的!因此,我们面对的绝对是困境,我们需要的绝对是毅力!记住梁启超的话:"有毅力者成,反是者败。"(姚俊)

读书读透了,就知道思想该乐观,精神该愉快,身体该爱惜,生命该

运动。他说:"莫信五柳先生的狗屁话,'好读书而不求甚解',你要知道,那恰好是读书'已经甚解'了才说得出来的!"(丁勇)

你说我们这些男子汉,该做哪种人?我们遇上的就是人生顶级大事,肯定是"遇挫愈多",当然我们必须做那"至强之人",因为我们必须"善于其终"!(张大鹏)

念完,叔叔大笑,问:"怎么样?你们觉得这些高手写得怎么样?"
年轻人们全呆了,他们没有想到,也不敢相信,这是他们自己"随随便便"写出来的东西,竟有这么深刻的道理!

叔叔说:"蒙田的文章和你们自己的文章好在哪里?没有人云亦云,不是为了某种'迎合和媚俗'而敷衍的文字,没有说大话,没有说空话,没有说人人都知道的套话,完全是自己认认真真经过深思熟虑的心声,是既深刻又独到的思考,也是合乎科学和客观的思考,是经过认真学习之后的思考,是用心认真'思考'之后的'思考'。你们说,你们的读后感,是不是这样写出来的?"
年轻人们听了这一番淋漓尽致的"评价",激动得一起站起来鼓掌!
丁勇大叫:"叔叔师傅,你说到我们的心里去啦!"

叔叔高兴地从包里拿出笔,刷刷刷,又在姜辰浩的纸上写了几行字,姜辰浩拿过来和大家一看,只见叔叔写的,比以往的更长:

第一,议论文的总体构思,实际上就是确定怎么样用论据来支持你的论点,以理服人。也就是确定文章论证的方式方法。
第二,确定论证的方式方法,包括论点和论据怎么展开。如果有分论点,那么要确定分论点和论点的关系;论点在什么地方出现,每个分论点的逻辑顺序怎么确定,才能最好地阐明论点。也就是文章的总体脉络和框架。

第三，确定论证的方式方法，还包括各个论据在什么地方运用最恰当，哪些论据需要详，哪些论据只需简，哪些论据是引用，哪些论据是转述。

第四，确定论证的方式方法，还包括怎么开头能够引人入胜，怎么结尾能够让人掩卷长思，怎么过渡使上下文通畅无碍。

这样，达到说理的最佳效果——提炼的好论点，在好论据的支撑下，以论证逻辑的严密性和巧妙性，雄辩地征服读者。

注："论据"的概念不等同于"例子"，论据是通过事实和理论来说明论点的道理，是融汇于论证过程中的。无论是事实论据还是理论论据，是自自然然、水到渠成而引出来的，是整个论证过程中不可分割的部分。而不是说了一个道理，然后举个例子来证明，这样的"例子"和"格言警句"与整个论证实际上是分离的。

叔叔大笑说："请你们先讨论大师们的文章，再来研究我给你们写的条子，或者，也根本就用不着研究我的条子了。你们讨论完大师们的文章，我的条子实际上就是多余的了！"

说完，叔叔边往外走，边挥挥手说："再见，年轻人们，让我们互相还以自由，我走我的，你们走你们的吧！"

年轻人们用十分敬佩的眼光，目送着叔叔转下楼梯，直至不见……

周末来了。星期五，张大鹏就给大家发短信："哥们儿，明天是我的生日，我已备好了丰盛的野餐。辰浩，带上两本叔叔指定的好书，我请大家到麒麟山顶观竹亭野餐，办一个别开生面的生日宴会。上午10点，不见不散！"

于是，在阳光明媚的周六，几个年轻人轻快地登上了市里最高的山峰。他们感到清风扑面，又感到精力充沛。他们感到的这种精力充沛，已经与以往体力上的精力充沛有着质的不同。他们觉得一个多月以来，自己的精神境界提高了很多，因此麒麟山的一草一木，好像变了一个样，再也不是用"好看"的眼光来看，而是用"审美"的眼光来欣赏。到了观竹亭，他们鸟瞰脚下莽莽苍苍的竹海和远方隐隐约约的美丽城市，觉得心胸为之开阔。一种人生拼搏的激情充斥了他们的胸腔！

观竹亭外阳光明媚，而观竹亭内清风徐徐。几个年轻人坐在长亭的一角，只听姜辰浩充满激情的朗读声，在静悄悄的山顶上回荡，那是鲁迅的《再论雷峰塔的倒掉》：

……

雷峰塔砖的挖去，不过是极近的一条小小的例。龙门的石佛，大半肢体不全，图书馆中的书籍，插图须谨防撕去，凡公物或无主的东西，倘难于移动，能够完全的即很不多。但其毁坏的原因，则非如革除者的志在扫除，也非如寇盗的志在掠夺或单是破坏，仅因目前极小的自利，也肯对于完整的大物暗暗的加一个创伤。人数既多，创伤自然极大，而倒败之后，却难于知道加害的究竟是谁。正如雷峰塔倒掉以后，我们单知道由于乡下人的迷信。共有的塔失去了，乡下人的所得，却不过一块砖，这砖，将来又将为别一自利者所藏，终究至于灭尽。倘在民康物阜时候，因为十景病的发作，新的雷峰塔也会再造的罢。但将来的运命，不也就可以推想而知么？如果乡下人还是这样的乡下人，老例还是这样的老例。

这一种奴才式的破坏，结果也只能留下一片瓦砾，与建设无关。

岂但乡下人之于雷峰塔，日日偷挖中华民国的柱石的奴才们，现在正不知有多少！

瓦砾场上还不足悲，在瓦砾场上修补老例是可悲的。我们要革新的破坏者，因为他内心有理想的光。我们应该知道他和寇盗奴才的分别；应该留心自己堕入后两种。这区别并不烦难，只要观人，省己，凡言动中，思想中，含有借此据为己有的朕兆者是寇盗，含有借此占些目前的小便宜的朕兆者是奴才，无论在前面打着的是怎样鲜明好看的旗子。

当姜辰浩的朗读声停下，亭内一片寂静，而亭外却响起了一阵意想不到的掌声。原来，不知什么时候，亭子外已经围上了好多游客，他们都被这一群年轻人的"读书会"所吸引。没有人嬉闹,没有人跑动,大家都静静地听着姜辰浩如播音员一样铿锵有致的朗诵!

新的提纲很快就出来了,姜辰浩把它规范地打印出来,又交给了叔叔。这次,他觉得充满了信心。

姜辰浩再次提交的提纲如下:

姜辰浩在阅读文章

在困境中奋起

(提纲)

一、提出问题:在今天的社会环境下,我们真的迷失了人生目标了吗?

简要阐述学生面临的考试和就业的巨大压力,提出目前广泛的思想困惑:前途迷茫,目标不明。简要列举主题讨论中最具有代表性的生活例子,说明这样的思想顾虑是普遍存在的。

(以设问开头,吸引读者关注,以引出正文论点)

二、以人生困惑为设想论证目标,一层层消除目标迷失论的消极人生观。

(论证总设想:否定消极思想,以事实和名家理论来确认"迷茫与坚毅"的关系)

(一)以我们正处在逆境为实际状况,提出培根《论逆境》的观点,"如果奇迹就是超乎寻常,那么它常常是在对逆境的征服中显现的",提出逆境对人的磨炼的另一面的看法。以同学中的生动实例来加强论证的说服力。以培根"面对幸运所需要的美德是节制,而面对逆境所需要的美德是坚韧"的结论,转入下一层论证。

（从普遍理论推衍论证个别事物——演绎论证）

（二）以梁启超《论毅力》的论述——"盖人生历程,大抵逆境居十六七,顺境亦居十三四"为引子,提出问题:面对逆境,我们能够战胜吗?先用梁启超的观点来回答:"其事愈大者,其遇挫愈多;其不退也愈难,非至强之人,未有能善于其终者也。夫苟其挫而不退矣,则小逆之后,必有小顺。大逆之后,必有大顺。"再用同学中失败和成功的例子加以印证。再以名人事例强化说服力:文王拘而演《周易》,孔子厄而著《春秋》,屈原放逐,乃赋《离骚》,左丘失明,厥有《国语》,孙子膑足,《兵法》修列,不违迁蜀,世传《吕览》,韩非囚秦,《说难》《孤愤》。

（演绎论证;以著名实例比较具体论证对象——类比论证）

（三）再以梁启超《论毅力》的论述:"要其何以成,何以败?曰:有毅力者成,反是者败",提出第三个分论点,消除人生失败论。怎么样消除人生失败论,战胜逆境。再用梁启超的论述进行回答:"孟子曰:'有为者,譬若掘井,掘井九仞,而不及泉,犹为弃井也。'成败之数,视此而已。"提出人需要毅力,贵在坚持。

（演绎论证）

（四）先提出问题:毅力从何而来?紧接着举例:重耳饱经磨难,终成大业;勾践卧薪尝胆,报仇复国称霸;司马迁面对难以忍受的酷刑,意志没有消亡,而且写出伟大的文学经典。重点叙述林肯为了他的社会理想追求,坚忍不拔直至献出自己的生命而不悔。回答:这些广为流传的历史事实说明,人的毅力,来自于人生的目标。因此,要锻炼坚毅的思想,提高境界,创造人生,就必须消除目标迷茫论,树立自己的人生目标。

（从具体实例推演到普遍理论——归纳论证）

（五）在当今社会环境中,怎么找准自己的人生目标?回答:消除好高骛远的思想,脚踏实地,找准适合自己的人生理想。举例:一个省级的劳模报告会,同台演讲的有知名科学家、教师、运动员,还有下岗工人。她们都有追求,有适合自己环境身份的追求,因此,她们都创造了岗位奇迹,都有成就感。

（举例说明论点的正确——例证法）

三、回到征文主题：进入了高中，我们从这里开始，怎么去做？面对逆境，培养坚忍不拔的毅力，树立适合自己的人生目标，踏踏实实，一步一个脚印，我们就能消除目标迷茫感。我们才能扬帆远行。

（通过对文章开头的回答达到立论）

四、最后，提出海明威《老人与海》中不屈不挠的拼搏奋斗精神，突出"人"的精神，进一步深化主题，并以培根"人的美德犹如名贵的檀木，只有在烈火的焚烧中才会散发出最浓郁的芳香"等名句结束全文。

（结尾深化主题，提高境界；引用具有美感的名人名言，抒情性结尾）

叔叔刷刷刷又写了几行字：

第一，构思很好，可以实施。在行文中肯定还有更好的想法，或者会觉得现在的构思有很大的缺陷，要边写边修正。

第二，现在要闭门写作，至少要自己修改五遍！然后至少三次集中讨论姜辰浩的文章。姜辰浩要根据大家的讨论不断进行修改，直至最好！

第三，行文当中的语言，既要有极强的逻辑性，也要充满激情，还需要生动，最重要的，是要精炼准确！通过前面的阅读和练习，大家的语言已经基本能够较好地进行表达，尤其姜辰浩的语言，是好的，要有信心！请认真研磨鲁迅、钱钟书、梁实秋、培根等大家的语言，尽量做到上面的要求。

第四，大家都写，但是交流讨论的只能是姜辰浩的文章，避免姜辰浩模仿别人的文章。一是模仿反而影响姜辰浩的发挥，二是那就有作弊之嫌了。

孩子们，做最后的冲刺！

小结

议论文的论证方法和写作技巧

一、论证的概念

（一）论证的概念

论证就是用论据来证明论点的过程。

议论文的"论点"解决议论文"要说明什么道理"的问题；议论文的"论据"，是解决"用什么来证明"的问题，而论证是解决"如何阐述证明论点"的问题。

论证就是要揭示出论点和论据之间的内在逻辑关系。

（二）论证的类型

议论文的论证一般分为立论和驳论两大类型。

1. 立论。立论是正面阐述文章论点的论证方式。

2. 驳论。驳论是反驳对立论点，从而证明自己论点的论证方式。

立论和驳论都是一种证明过程，立论的方式是直接证明自己论点成立的科学性和合理性，而驳论的方式是证明对立观点的谬误从而达到证明自己论点科学合理的目的。

二、论证的基本方法

（一）立论的论证方法

1. 归纳法。归纳论证是一种由个别到一般的论证方法。它通过许多个别的事例或分论点，然后归纳出它们所共有的特性，从而得出一个具有普遍性意义的结论。

2. 演绎法。演绎论证是一种由一般到个别的论证方法。它由具有普遍意义的原理出发推导具体的客观事物，从而得出新的结论。

论证，本身就是一种证明论据和观点之间的内在逻辑关系的过程，归纳论证和演绎论证都是一种逻辑推理法，由逻辑学而来。

演绎法有"三段论"、"假言推理"、"选言推理"等多种形式。"三段

论"是一种最基本的推理方式。三段论由大前提、小前提和结论三部分组成,故名。如:

大前提:凡金属都可以导电

小前提:铁是金属

结　论:所以铁能导电

具体知识参考形式逻辑学。

3. 类比法。类比法是将已知其性质、特点的甲事物与相同或相近的乙事物加以比较,从而引导出对乙事物的结论的方法。

4. 对比法。对比法是通过性质、特点在某些方面相反或对立的不同事物之间的比较来证明合理论点的方法。

立论的论证方法在驳论中也需要运用。因此,立论的方法实际就是论证的基本方法。

(二)驳论的论证方法

驳论有三种方法,即反驳论点、反驳论据和反驳论证。

直接反驳论点,直接指出对立论点的不科学、不合理乃至于谬误,这是常用的驳论方法。由于议论文是由论点、论据、论证三部分有机构成的,因此驳倒了论据或论证,也就否定了论点。这与直接反驳论点具有同样效果。一篇驳论文可以几种反驳方式结合起来使用,以加强反驳的力量和说服力。

1. 反驳论点。即直接反驳对方论点本身的片面、虚假或谬误,这是驳论中最常用的方法。

反驳论点,又包括以下具体方法:

(1)直接反驳。用确凿的、不可辩驳的事实来直接反驳,或者从理论上进行透彻的分析和解剖,直接指出错误所在。

(2)归谬法。归谬法是以对立的论点为前提,按照逻辑规律进行合理的引申,但是引申出来的结论却是荒谬的,从而证明对立论点也就不

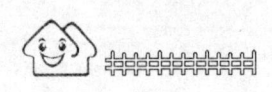

能成立。

(3) 反证法。反证法即作者并不直接指出对方论点的谬误所在,而是建立起一个与对方论点针锋相对的新论点,通过充分论证使这一新论点树立起来,于是与之相对的论点便不驳自倒了,也证明自己文章主题的正确。

2. 反驳论据。即揭示对方论据的错误,以达到推倒对立论点的目的;因为论点的来源是论据,既然对立论点的论据是谬误的,对立论点当然就不可能成立。

3. 反驳论证。即揭示对方在论证过程中的逻辑错误,如大前提、小前提与结论的逻辑矛盾,论点与分论点的矛盾,各分论点之间的矛盾,论点与论据之间的矛盾等等。

三、议论文的结构

根据议论文的论证逻辑关系,体现在其结构上,有这样一些结构方式:

(一)基本结构方式

根据论证的总体逻辑关系,议论文的基本结构可以体现为以下"三段式"形式:

引论——开头部分,提出问题。

本论——主体部分,分析问题。

结论——结尾部分,解决问题。

(二)常用结构方式

议论文并不能简单地形成三段式的结构。套用"三段式"的模式,首先,会使议论文变得十分简单而无深度;其次,很多议论文所论述的道理比较深奥,论证过程比较复杂,不是简单的"三段式"模式能够表现的;第三,如果都套用"三段式"的结构,毫无变化,就会形成另一种"八股文"。读起来就十分枯燥。

因此,议论文的结构是很复杂的。其实任何文章的结构都是很复杂的,任何文章都应该在科学合理的前提下,鼓励作者发挥自己的创造能力,积极创新。

但再复杂的文章,在内在逻辑上都应该是严密合理的。因此,大致可以给议论文的结构总结出以下结构方式:

1. 总分式结构。总分式结论,即用一个总体概述的部分,来统帅其他的部分。其他的部分从各个不同的角度侧面,来论述主题概述的内容。总体概述的部分,可以放在文章的前面,也可以放在文章的后面。

2. 并列式结构。并列式结构,就是文章的各个部分,其表现地位是平等的,从各个方面来开展论证,并无一个统帅部分。并列式结构的统帅,是文章的论点,文章的主题。文章的各个并列部分的论证,都是围绕论点来展开的。

3. 层进式结构。层进式结构,就是议论文的各部分结构,一层比一层深入,到文章结构的最后部分,形成论述高潮,有效地揭示出文章的中心论点。层进式结构,虽然是一层比一层深入,但却绝不能理解为文章的开头和第一部分可以不精彩,可以平平淡淡,而恰好在文章的开头就必须要写得引人入胜,只是在论证的推理上是层层深入达到中心论点而已。

4. 对照式结构。对照式结构严格地说,以上三种结构都可以运用。但是在论证过程中,文章的结构总体的前后或者某部分的前后,要形成一种正反对照的关系。

(三)议论文结构的开头、结尾、过渡

议论文的开头、结尾和过渡,是议论文在结构当中的几个重要环节。

议论文的开头、结尾、过渡,有很多在具体方法,可以参考《记叙文入门劲射》一书所讲的方法和其他教材所列举的方法。

其实,在此处列举方法是完全没有必要的。文章用什么开头、结尾、过渡方法,完全应该是根据内容的需要,内容所具有的特色的需要,以及作者的写作特长和爱好来决定,并无陈规所言。

所以,有的教材列举的方法有三五种,而有的教材列举的方法有十多种,多的有列举几十种的,就说明模式化的东西具有不确定性。

比如开头就可以随便列举很多方法：

"开门见山法"、"引人入胜法"、"气氛烘托法"、"高屋建瓴法"、"设问警醒法"、"娓娓而诉法"、"数据惊人法"等等。

结尾我们同样可以随意列出很多方法，比如：

"画龙点睛法"、"卒章显志法"、"回顾总结法"、"结尾升华法"等等。

怎么开头，怎么结尾，怎么过渡，如上所述应根据需要和文章特点。但从效果上来说，倒是应该明白它们的要求。

开头的要求：要求引人入胜，引起读者的注意。用现在的语言来表达，开头就必须能够吸引读者的眼球，抓住读者。

结尾的要求：文章的结尾，同样要能够抓住读者，使读者文虽看完，却掩卷长思。文章读完了，却产生了很多联想，引起了很多思索。文章结尾，应对前面的正文部分起到"锦上添花"的作用。

过渡的要求：必须在每一个部分尤其是转接的地方，处理好上下文的衔接，使文章不管各个部分如何安排，如何跳跃，都必须前后顺畅，转接无痕。

只要记住了了开头、结尾、过渡的要求，根据内容和主题表现的需要，充分发挥作者的创造力，所谓方法是自然而然就会来的。

写议论文的技巧从何而来呢？必须多读熟读名家大师的作品！"熟读唐诗三百首，不会作诗也会吟"。熟读是所有文章写作的秘诀之一，议论文也不例外。

(四)修辞手法

修辞，就是运用语言的时候，采用一些特殊的艺术手法，对词语句子进行修饰，以增加语言的表现力。

修辞手法很多，下面列举一些手法和例句以作为参考：

1. 对偶：

不看资料，不知世界之大，无奇不有；不去耳闻目睹，不知书中所载，是虚是实。

2. 比喻：

洗涤过的原野像一块巨大的翡翠。缓缓的河流，如碧玉般晶莹。

3. 排比：

绿树更绿，青草更青，天空更蓝，白云更像洁净的棉花，鸟儿叫声呢，也更加啁啾！

4. 拟人：

月亮像一个害羞的姑娘，在云纱后面半遮半掩的一会露一点芳容。

5. 通感：

我的心好像从喉咙里迸了出来。

6. 借代：

什么时候我的床头多了一个人影！我的心正要从喉咙里跳出来，"影子"却"嘻"地笑了一声。

7. 设问：

这是怎么样一个神奇的地方呢？

8. 反问：

难道我悄悄地看一下，就不行吗？

9. 夸张：

我用比博尔特还快的速度冲了出去！

尾 声

　　淬水三千回,磨难八十一,功夫不负有心人。姜辰浩的文章交上去后,在评委老师中引起了轰动。老师们说,敢于这么大胆地把目前社会的真实状况和学生的真实思想揭示出来,又起到如此积极向上的鼓舞作用,这篇文章真是处理得太好了。文章中的事实,真是太感人了,文章中的理论,真是太贴切深刻了!评委老师们一致给了满分!

　　在全校几千名同学不分年级不分专业的议论文大赛中,一等奖只设了两名,而姜辰浩以高质量的文章理所当然地成为其中之一。

　　姜辰浩终于登上了一等奖的领奖台!

　　用丁勇的话说,姜辰浩,论辩文之王,终于练成啦!

　　姜辰浩的美女班主任高兴地表扬并拥抱了他,引起全班同学极大的羡慕,姜辰浩成为继张大鹏、姚俊之后,又一个在女生中人气指数最高的男生。

　　两个月的成绩,并不是只有姜辰浩取得了大赛一等奖,而是其他的伙伴每个人都写出了一篇宋明明的叔叔批点为"皆为深刻"的文章。

　　姜辰浩和他的铁哥们请叔叔登临麒麟山顶观竹亭。他们说,经过宋明明的叔叔两个月的指点,他们要效仿兰亭"盛会",在观竹亭感谢叔叔的教诲之情。

　　他们买了最好的蘑菇火腿匹萨,最好的潜龙蛋糕,张大鹏还带了一瓶家酿冰糖葡萄酒。他们说,他们要在麒麟山观竹亭正式拜叔叔为师,不仅仅是为了写作,而是为了学习更多的文化,为了提高人生品味,为了充实人的精神。他们,一定要"正儿八经"地拜叔叔为师。

在麒麟山顶,一群年轻人与一位依然年轻的文化人共同举起了透明的酒杯,杯中微微荡漾着玫瑰色的葡萄酒!

两个月来,他们从接受一篇命题作文开始,一步步地,在一位学养深厚而品行端庄的文化高手的指点下,通过"总结人生,广收材料—阅读经典,讨论交流—用心感受,深刻构思"的过程,终于在思想上打下了雄厚坚实的学识基础,取得了这样突出的成果。用宋明明的叔叔的话说,两个月写一篇文章,你们就像那神奇的三步上篮。那是多少时日的苦练积累之功,是整个团队默契于心的智慧配合,最后才有那一瞬间的华丽扣篮!

酒杯砰然作响,年轻人们觉得,那铿然一声,才是真正的"我从这里出发",跨上人生新的起点!

宋明明的叔叔又在"天为食"酒楼设宴庆贺姜辰浩的成功。

当姜辰浩、宋明明、姚俊、张大鹏、丁勇来到大包厢,才发现来了这么多人!他们的爸爸妈妈全来了!姜辰浩的美女班主任也来了!最让他们惊讶的是,高一(2)班写作活动小组的徐军、毛燕、马文、沈鸿、岳琳和袁满也来了,他们的语文老师斯宏也来了!

当闹哄哄、喜洋洋的人们都坐定后,宋明明的叔叔举起杯,站起来说:"今天,大家在这里聚会,我想,主要目的不是为了庆贺姜辰浩和徐军获得一等奖。"

他转过头问姜辰浩:"你们都认识吧?"

姜辰浩说:"怎么不认识,他们六个都是鼎鼎大名的斯宏老师的得意徒弟,徐军也是一等奖的获得者,和我一起站在领奖台上呢。"

斯宏老师笑着说:"我说高一(3)班怎么

宋明明的叔叔举杯

出了个高手,把马文和毛燕都打败了,原来是你们请了一个高人做教练,你们知道你们的师傅叫什么吗?老枪!老枪出手,焉能不百发百中!"

大家都笑了起来。

宋明明的叔叔接着说:"学校举行这样的活动,非常有意义,我们就不说了,那是你们学校的事。我要跟诸位长者和朋友,尤其是我们十一个年轻人说,我之所以出手,一是受我嫂子的托付,谁不知道她把姜辰浩当自己的亲儿子看待?二是想通过这样的活动,培养年轻人对文化的追求,对文明的追求,对真善美的追求,提高他们的修养。

"在最开始,我是作好了遇上水浮之木就敷衍撤退的思想准备的,结果,几个孩子都是可造之材,几次辅导下来,我就喜欢上他们了!"

"这十一个孩子——孩子们不知道,你们斯宏老师和我是好朋友呢——如果今后多在一起,他们可以营造一种氛围,一种文明高尚的氛围。因此,我和斯宏商量了,今后,要让这十一个孩子经常在一起读书,交流,讨论。今天,姜辰浩的班主任也来了,至于你们两个班是不是可以继续把这样的活动延伸下去进而推广到全校,那是你们的事。我在这里要告诉大家另一个好消息,我和斯宏已经和《高原都市报》讲好了,他们将推出一个专栏,陆续登载我们十一个孩子的文章。这就是我叫你们每一个人都要把文章写出来的直接原因,也是斯宏叫他的六个弟子每个人都要把文章写出来的直接原因。"

听到这里,十一个年轻人十分高兴,爸爸妈妈们更是喜出望外!

宋明明的叔叔说:"大家举杯,为孩子们的明天,为他们的人生奋斗,干杯!"

"干——杯——"

在"干杯"声中,十一个年轻人的声音最响亮,最动听!

附录:需要延伸阅读的议论文

"说不出"①

鲁 迅

看客在戏台下喝倒采,食客在膳堂里发标②,伶人厨子,无嘴可开,只能怪自己没本领。但若看客开口一唱戏,食客动手一做菜,可就难说了。

所以,我以为批评家最平稳的是不要兼做创作。假如提起一支屠城的笔,扫荡了文坛上一切野草,那自然是快意的。但扫荡之后,倘以为天下已没有诗,就动手来创作,便每不免做出这样的东西来:

宇宙之广大呀,我说不出;父母之恩呀,我说不出;爱人的爱呀,我说不出。

阿呀阿呀,我说不出!

这样的诗,当然是好的,——倘就批评家的创作而言。太上老君的《道德》五千言,开头就说"道可道非常道"③,其实也就是一个"说不出",所以这三个字,也就替得五千言。

呜呼,"王者之迹熄,而《诗》亡;《诗》亡,然后《春秋》作④。""予岂好辩哉?予不得已也⑤!"

注释:

①本篇最初发表于1924年11月17日北京《语丝》周刊第一期。1923年12月8日北京星星文学社《文学周刊》第十七号发表周灵均《删诗》一文,把胡适《尝试集》,郭沫若《女神》,康白情《草儿》,俞平伯《冬夜》,徐玉诺《将来的花园》,朱自清、叶绍钧《雪朝》,汪静之《蕙的风》,陆志韦《渡河》八部新诗,都用"不佳"、"不是诗"、"未成熟的作品"等语加以否定。后来他在同年12月15日《晨报副刊》发表《寄语母亲》一诗,其中

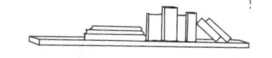

多是"写不出"一类语句："我想写几句话,寄给我的母亲,刚拿起笔儿却又放下了,写不出爱,写不出母亲的爱呵。""母亲呵,母亲的爱的心呵,我拿起笔儿却又写不出了。"本篇就是讽刺这种倾向的。

②发标,江浙一些地方的方言,耍威风的意思。

③太上老君即老聃,姓李名耳,春秋末期楚国人。道家学派创始者。东汉以来道教奉他为祖师,尊称太上老君。《道德》,即《道德经》,又称《老子》,相传为老聃所著。"道可道非常道",见该书第一章。

④"王者之迹熄,而《诗》亡"等语,见《孟子·离娄下》。

⑤"子岂好辩哉,予不得已也!"语见《孟子·滕文公下》。

作者简介：

鲁迅(1881—1936),原名周树人,字豫才,中国现代伟大的文学家和学者。最初名周樟寿,后改为周树人,字豫山、豫亭,后改为豫才。浙江绍兴人。

鲁迅1902年留学日本,1905—1907年,发表《摩罗诗力说》、《文化偏至论》等论文。1909年,与其弟周作人合译《域外小说集》。同年回国,先后在杭州、绍兴任教。曾任南京临时政府和北京政府教育部部员、佥事等职,在北京大学、女子师范大学等校授课。1918年5月,首次用"鲁迅"的笔名,发表白话小说《狂人日记》。该小说为新文学运动创作实践的奠基之作。1918年到1926年间,出版小说集《呐喊》、《彷徨》,论文集《坟》,散文诗集《野草》,散文集《朝花夕拾》,杂文集《热风》、《华盖集》、《华盖集续编》等。1921年12月发表的中篇小说《阿Q正传》,其塑造的典型人物形象阿Q,在中国现代文学史上难有比肩之作。

1926年8月到厦门大学任中文系主任。1927年1月,到中山大学任教务主任。1930年起,先后参加中国自由运动大同盟、中国左翼作家联盟和中国民权保障同盟。

从1927年到1936年,他创作了历史小说集《故事新编》;杂文集《而已集》、《三闲集》、《二心集》、《南腔北调集》、《伪自由书》、《准风月谈》、《花边文学》、《且介亭杂文》、《且介亭杂文二编》、《且介亭杂文末编》、《集外集》和《集外集拾遗》等。

编著《中国小说史略》、《汉文学史纲要》,整理《嵇康集》,辑录《会稽郡故书杂录》、《古小说钩沉》、《唐宋传奇录》、《小说旧闻钞》等等。

他翻译作品有日本武者小路实笃戏曲《一个青年的梦》、厨川白村《出了象牙之塔》、板垣鹰穗《近代美术史潮论》,俄国阿尔志跋绥夫中篇小说《工人绥惠略夫》、爱罗先珂童话剧《桃色的云》、法捷耶夫长篇小说《毁灭》、雅各武莱夫长篇小说《十月》、果戈理长篇小说《死魂灵》、高尔基《俄罗斯的童话》、契诃夫《坏孩子和别的奇闻》、卢那卡尔斯基作《艺术论》、普列汉诺夫《艺术论》、卢那卡尔斯基《文艺与批评》等20多部。

1936年10月19日因肺结核病逝于上海,上海民众上万名自发举行公祭、送葬,葬于虹桥万国公墓,灵柩以旗覆盖,上书"民族魂"三字。

1938年出版《鲁迅全集》(二十卷)。

中华人民共和国成立后,鲁迅著译已分别编为《鲁迅全集》(十卷),《鲁迅译文集》(十卷),《鲁迅日记》(二卷),《鲁迅书信集》,并重印鲁迅编校的古籍多种。1981年出版了《鲁迅全集》(十六卷)。

鲁迅的小说、散文、诗歌、杂文共数十篇被选入中、小学语文课本。小说《祝福》、《阿Q正传》、《药》被改编成电影。鲁迅作品被译成英、日、俄、西、法、德、阿拉伯、世界语等50多种文字,在世界各地拥有广大的读者。

点评:

王晓明在《鲁迅传·跋》中说:"他的杂文当中,最有分量的并非那些实有所指的激烈的抨击,而是像《春末闲谈》、《灯下漫笔》那样寓意深广,态度也更为从容的'闲谈'。"

本书选的这篇是鲁迅杂文中最短的篇什之一,篇章虽短,而鲁迅议论文的风格特色和魅力却照样十分突出。

鲁迅的文章,其实并不难懂。我们欣赏文章,其实是欣赏文章本身,文章本身为文精彩,你就从精彩的文本去欣赏,大可不必斤斤计较他为文之时发生了什么,他针对的又是什么。读者欣赏一篇文章,当然是读了他的文本,受到了感染,得到了启发,产生了阅读兴趣。至于他为什么写这篇文章,那是在欣赏文章之后,如果你还有更多的兴趣,去翻翻历史典故,当然于自己的学问长进也是有好处的。况且像鲁迅这样的文章,很多读本里面都有详细的注释,阅读文章应该认真看看注释,这也是阅读文章的一个良好习惯。本来,鲁迅的文章并不是真正难懂,再看一下注释,什么背景呀,有关的知识呀,也就一目了然了,不是所有的读者都是历史专家,毋庸去作更深更细的历史考究。像"月落乌啼霜满天,江枫渔火对愁眠,姑苏城外寒山寺,夜半钟声到客船",任何读者都是一读文本,便为其诗构建的优美意境欣喜感动,得到极大的审美享受。其实,读《枫桥夜泊》偏要去考证"乌啼、渔火、愁眠"是不是山名,寺院夜半是不是会鸣钟,即使考证确实,诗也是会被解死的。只有在需要应付考试的时候,你必须服从老师,服从考试。而在作个人独立的写作欣赏的时候,语文老师课堂上讲的那一套,大可不必理会。

我们以这样的思维和方式方法欣赏鲁迅的《"说不出"》,一定会十分惊喜。

文章伊始,即提出了一个很有意思的现象:

看客在戏台下喝倒采,食客在膳堂里发标,伶人厨子,无嘴可开,只能怪自己没本领。但若看客开口一唱戏,食客动手一做菜,可就难说了。

相信这段话,没有谁会看不懂吧!只有"发标"这个词,虽说是有点方言的意思,但其实放在前后文一看,用不着注释,大致也知道是耍威风或者发脾气的意思;"伶人"这个词有点文,那就是"唱戏的人"。

文章一开头,那种幽默风趣,而又带点刻薄的味道就出来了。看戏的人,可以说戏演得不好,吃饭的人可以说菜饭难吃,你这样批评,厨师和演员无话可说,但叫你自己去演一演,做一做,就难说了。生活当中,会说不会练的事,是很多的,鲁迅一说,我们不禁会心一笑。再看看鲁迅这里的语言,整齐,有节奏,有诗歌和对联般的韵律。方言词、文言词一齐用上。语言简洁明快,绝不拖泥带水。而先认可,后顺势反诘的表达,正是因为语言表达看似有些委婉,阅读之下,更觉得讽刺之深。这就是鲁迅风格。撇开"风格"不说(只有写作到了相当高的水准,才谈得上"风格"),他的语言和论理技巧,多值得我们借鉴学习!

这是一个有趣的开头,开头是为了引出正题,那就是批评与写作的问题:

所以,我以为批评家最平稳的是不要兼做创作。假如提起一支屠城的笔,扫荡了文坛上一切野草,那自然是快意的。但扫荡之后,倘以为天下已没有诗,就动手来创作,便每不免做出这样的东西来:

宇宙之广大呀,我说不出;父母之恩呀,我说不出;爱人的爱呀,我说不出。

阿呀阿呀,我说不出!

这一段文,你看过注释,知道"屠城的笔"是指一个姓周的作者否定了中国诗坛最有代表性最有成就的几大名家的事。而文中所撰的"诗",则是完全模仿那位周姓作者写的诗,无疑那是最无聊"最空洞最低劣"最没有诗味的文字了。

我们就算不知道是姓周的"提起一支屠城的笔,扫荡了文坛上一切野草",但前面既说了"我以为批评家最平稳的是不要兼做创作",文章剑锋所指,更重要的还是这种"胡批评,却乱创作"的怪象,作为阅读者,是不是知道"那是针对的谁——比如周姓的作者",其实已经完全不重要。

这一段话中,令人读来感觉愉快会心、忍俊不禁,最突出的两方面,其一是鲁迅那看似委婉而十分尖锐的蓄势不发的含蓄语言,其中如"看客在戏台下喝倒采,食客在膳堂里发标","屠城的笔","扫荡了文坛上一切野草"等比喻象征，都是不能不令人叫好的形象化语言，使议论性的语言有了生动活泼的文学色彩。二是模仿所谓"批评家"所写的诗歌，因为其诗的蹩脚令人大跌眼镜已经用不着任何分析，只管引用出来，只要是读过书的人，都完全可以看出其水平之低，一首"仿真诗歌"，足以胜过三千评论。

接下来的一段，鲁迅式的议论风格，更是突出：

这样的诗，当然是好的，——倘就批评家的创作而言。太上老君的《道德》五千言，开头就说"道可道非常道"，其实也就是一个"说不出"，所以这三个字，也就替得五千言。

鲁迅惯用的幽默和讽刺手法，就是往往正话反说而反话正说，所以他说"这样的诗，当然是好的"，读者不但不会误以为那真是说好，而肯定会以手掩口，在心里大笑："的确是'好'诗，的确是'好'诗"，继而忍不住笑出声来。接着，鲁迅再进一步，将这"说不出"的"好诗"，比喻为老子的《道德经》，挪揄其三个字顶得上老子的五千言，读者终于要放声大笑。笑这狂妄的批评家，笑这低劣的写作水平。

文章结尾，引用了孟子的两句话：

呜呼，"王者之迹熄，而《诗》亡；《诗》亡，然后《春秋》作。""予岂好辩哉？予不得已也！"

这是中国古代哲学史和文学史上著名的两句话，鲁迅顺手拈来，一是增加了文采，二是增加了一点学问的味道，三是强调了本文的学理，四是正因为如此，进一步加深了议论的讽刺。大致翻译一下，第一句意思是"王道（孔孟提倡的'以仁义治天下'的儒学理论）崩毁了，《诗》（以《诗经》为代表的礼乐思想）就趋向消亡了，《诗》消亡了，然后《春秋》（孔子修订的历史著作，通过《春秋》宣扬其儒学的理论）就产生了"；第二句意思是"我哪里是好辩论呢,我是不得已而为之罢了"。

其实,鲁迅先生这里又在反话正说,讽刺那些根本不懂诗道,不懂创作的人,不过是做出一副理论家和文学家的假样子吓人而已。

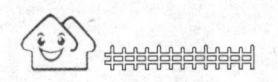

春末闲谈[①]

鲁 迅

北京正是春末,也许我过于性急之故罢,觉着夏意了,于是突然记起故乡的细腰蜂[②]。那时候大约是盛夏,青蝇密集在凉棚索子上,铁黑色的细腰蜂就在桑树间或墙角的蛛网左近往来飞行,有时衔一支小青虫去了,有时拉一个蜘蛛。青虫或蜘蛛先是抵抗着不肯去,但终于乏力,被衔着腾空而去了,坐了飞机似的。

老前辈们开导我,那细腰蜂就是书上所说的果蠃,纯雌无雄,必须捉螟蛉去做继子的。她将小青虫封在窠里,自己在外面日日夜夜敲打着,祝道"像我像我",经过若干日,——我记不清了,大约七七四十九日罢,——那青虫也就成了细腰蜂了,所以《诗经》里说:"螟蛉有子,蜾蠃负之。"螟蛉就是桑上小青虫。蜘蛛呢?他们没有提。我记得有几个考据家曾经立过异说,以为她其实自能生卵;其捉青虫,乃是填在窠里,给孵化出来的幼蜂做食料的。但我所遇见的前辈们都不采用此说,还道是拉去做女儿。我们为存留天地间的美谈起见,倒不如这样好。当长夏无事,遣暑林阴,瞥见二虫一拉一拒的时候,便如睹慈母教女,满怀好意,而青虫的宛转抗拒,则活像一个不识好歹的毛鸦头。

但究竟是夷人可恶,偏要讲什么科学。科学虽然给我们许多惊奇,但也搅坏了我们许多好梦。自从法国的昆虫学大家发勃耳(Fabre)[③]仔细观察之后,给幼蜂做食料的事可就证实了。而且,这细腰蜂不但是普通的凶手,还是一种很残忍的凶手,又是一个学识技术都极高明的解剖学家。她知道青虫的神经构造和作用,用了神奇的毒针,向那运动神经球上只一螫,它便麻痹为不死不活状态,这才在它身上生下蜂卵,封入窠中。青虫因为不死不活,所以不动,但也因为不活不死,所以不烂,直到她的子女孵化出来的时候,这食料还和被捕当日一样的新鲜。

三年前,我遇见神经过敏的俄国的E君④,有一天他忽然发愁道,不知道将来的科学家,是否不至于发明一种奇妙的药品,将这注射在谁的身上,则这人即甘心永远去做服役和战争的机器了？那时我也就皱眉叹息,装作一齐发愁的模样,以示"所见略同"之至意,殊不知我国的圣君,贤臣,圣贤,圣贤之徒,却早已有过这一种黄金世界的理想了。不是"唯辟作福,唯辟作威,唯辟玉食"⑤么？不是"君子劳心,小人劳力"⑥么？不是"治于人者食人,治人者食于人"⑦么？可惜理论虽已卓然,而终于没有发明十全的好方法。要服从作威就须不活,要贡献玉食就须不死；要被治就须不活,要供养治人者又须不死。人类升为万物之灵,自然是可贺的,但没有了细腰蜂的毒针,却很使圣君,贤臣,圣贤,圣贤之徒,以至现在的阔人,学者,教育家觉得棘手。将来未可知,若已往,则治人者虽然尽力施行过各种麻痹术,也还不能十分奏效,与果蠃并驱争先。即以皇帝一伦而言,便难免时常改姓易代,终没有"万年有道之长"；"二十四史"而多至二十四,就是可悲的铁证。现在又似乎有些别开生面了,世上挺生了一种所谓"特殊知识阶级"⑧的留学生,在研究室中研究之结果,说医学不发达是有益于人种改良的,中国妇女的境遇是极其平等的,一切道理都已不错,一切状态都已够好。E君的发愁,或者也不为无因罢,然而俄国是不要紧的,因为他们不像我们中国,有所谓"特别国情"⑨,还有所谓"特殊知识阶级"。

但这种工作,也怕终于像古人那样,不能十分奏效的罢,因为这实在比细腰蜂所做的要难得多。她于青虫,只须不动,所以仅在运动神经球上一螫,即告成功。而我们的工作,却求其能运动,无知觉,该在知觉神经中枢,加以完全的麻醉的。但知觉一失,运动也就随之失却主宰,不能贡献玉食,恭请上自"极峰"⑩下至"特殊知识阶级"的赏收享用了。就现在而言,窃以为除了遗老的圣经贤传法,学者的进研究室主义⑪,文学家和茶摊老板的莫谈国事⑫律,教育家的勿视勿听勿言勿动⑬论之外,委实还没有更好,更完全,更无流弊的方法。便是留学生的特别发见,其实也并未轶出了前贤的范围。

那么，又要"礼失而求诸野"[13]了。夷人，现在因为想去取法，姑且称之为外国，他那里，可有较好的法子么？可惜，也没有。所有者，仍不外乎不准集会，不许开口之类，和我们中华并没有什么很不同。然亦可见至道嘉猷，人同此心，心同此理，固无华夷之限也。猛兽是单独的，牛羊则结队；野牛的大队，就会排角成城以御强敌了，但拉开一匹，定只能牟牟地叫。人民与牛马同流，——此就中国而言，夷人别有分类法云，——治之之道，自然应该禁止集合：这方法是对的。其次要防说话。人能说话，已经是祸胎了，而况有时还要做文章。所以苍颉造字，夜有鬼哭[15]。鬼且反对，而况于官？猴子不会说话，猴界即向无风潮，——可是猴界中也没有官，但这又作别论，——确应该虚心取法，反朴归真，则口且不开，文章自灭：这方法也是对的。然而上文也不过就理论而言，至于实效，却依然是难说。最显著的例，是连那么专制的俄国，而尼古拉二世"龙御上宾"[16]之后，罗马诺夫氏竟已"覆宗绝祀"了。要而言之，那大缺点就在虽有二大良法，而还缺其一，便是：无法禁止人们的思想。

于是我们的造物主——假如天空真有这样的一位"主子"——就可恨了：一恨其没有永远分清"治者"与"被治者"；二恨其不给治者生一枝细腰蜂那样的毒针；三恨其不将被治者造得即使砍去了藏着的思想中枢的脑袋而还能动作——服役。三者得一，阔人的地位即永久稳固，统御也永久省了气力，而天下于是乎太平。今也不然，所以即使单想高高在上，暂时维持阔气，也还得日施手段，夜费心机，实在不胜其委屈劳神之至……

假使没有了头颅，却还能做服役和战争的机械，世上的情形就何等地醒目呵！这时再不必用什么制帽勋章来表明阔人和窄人了，只要一看头之有无，便知道主奴，官民，上下，贵贱的区别。并且也不至于再闹什么革命，共和，会议等等的乱子了，单是电报，就要省下许多许多来。古人毕竟聪明，仿佛早想到过这样的东西，《山海经》上就记载着一种名叫"刑天"的怪物[17]。他没有了能想的头，却还活着，"以乳为目，以脐为口",——这一点想得很周到,否则他怎么看,怎么吃呢,——实在是很值得奉为师法的。假使我们的国民都能这样,阔人又何等安全快乐?但他又"执干戚而舞",则似乎还是死也不肯安分,和我那专为阔人图便利而设的理想底好国民又不同。陶潜先生又有诗道:"刑天舞干戚,猛志固常在。"连这位貌似旷达的老隐士也这么说,可见无头也会仍有猛志,阔人的天下一时总怕难得太平的了。但有了太多的"特殊知识阶级"的国民,也许有特在例外的希望;况且精神文明太高了之后,精神的头就会提前飞去,区区物质的头的有无也算不得什么难问题。

一九二五年四月二十二日。

注释:

①本篇最初发表于1925年4月24日北京《莽原》周刊第一期,署名冥昭。

②细腰蜂,在昆虫学上属于膜翅目泥蜂科;关于它的延种方法,我国古代有各种不同的记载。

③发勒耳(1823—1915)通译法布尔,法国昆虫学家,著有《昆虫记》及一些动植物学论著。

④E君,指爱罗先珂。

⑤"唯辟作福,唯辟作威,唯辟玉食"语见《尚书·洪范》。辟,即天子或诸侯。

⑥"君子劳心,小人劳力",语见《左传》襄公九年:"君子劳心,小人劳力,先王之制也。""君子"指统治阶级,"小人"指劳动人民。

⑦人者食人,治人者食于人,语见《孟子·滕文公》:"或劳心,或劳力;劳心者治人,劳力者治于人。治于人者食人,治人者食于人,天下之通义也。"第一个"食"读作 Si,拿东西给人吃之意。

⑧"特殊知识阶级",1925年2月,段祺瑞为了抵制孙中山在共产党支持下提出的召开国民会议的主张,拼凑了一个御用的"善后会议",企图从中产生假的国民会议。当时竟有一批曾在外国留学的人在北京组织"国外大学毕业参加国民会议同志会",于3月29日在中央公园开会,向"善后会议"提请愿书,要求在未来的国民会议中给他们保留名额,其中说:"查国民代表会议之最大任务为规定中华民国宪法,留学者为一特殊知识阶级,无庸讳言,其应参加此项会议,多多益善。"作者批判的所谓"特殊知识阶级",即指这类留学生。

⑨"特别国情",1915年袁世凯阴谋恢复帝制时,他的宪法顾问美国人古德诺(F. J. Goodnow)曾于8月10日北京《亚细亚日报》发表一篇《共和与君主论》,说中国自有"特别国情",不适宜实行民主政治,应当恢复君主政体。这种"特别国情"的谬论,曾经成为反动派阻挠民主改革和反对进步学说的借口。

⑩"极峰",意即最高统治者。旧时官僚政客对最高统治者的媚称。

⑪进研究室主义,1919年7月,胡适在《每周评论》上发表《多研究些问题,少谈些"主义"》的文章,稍后又提出学者"进研究室"、"整理国故"的口号,企图诱使青年逃避现实斗争。

⑫莫谈国事,北洋军阀统治时期,实行恐怖政策,密探四布,茶馆酒肆里多贴有"莫谈国事"的字条,某些文人也把"莫谈国事"当作处世格言。

⑬勿视勿听勿言勿动,语出《论语·颜渊》:"非礼勿视,非礼勿听,非礼勿言,非礼勿动。"

⑭"礼失而求诸野",孔子的话,见《汉书·艺文志》。

⑮苍颉造字夜有鬼哭,见《淮南子·本经训》:"昔者苍颉作书而天雨粟,鬼夜哭。"

⑯尼古拉二世(1868—1918),帝俄罗曼诺夫王朝最后的一个皇帝,为1917年2月革命所推翻,次年7月17日被处死。"龙御上宾",旧时指皇帝逝世,意即乘龙仙去。典出《史记·封禅书》。

⑰《山海经》,共有十八卷,约公元前4世纪至公元2世纪间的作品,内容主要是有关我国民间传说中的地理知识,还保存了不少上古时代流传下来的神话故事。"刑天"(形天),一作形夭,见该书《海外西经》:"形天与帝至此争神,帝断其首,葬之常羊之山。乃以乳为目,以脐为口,操干戚以舞。"干,盾牌;戚,斧头。

作者简介：略

点评：

　　王晓明《鲁迅传·跋》认为:"他的杂文当中,最有分量的并非那些实有所指的激烈的抨击,而是像《春末闲谈》、《灯下漫笔》那样寓意深广,态度也更为从容的'闲谈'。"

　　确实如此,《春末闲谈》写得从容洒脱,而笔力却非常遒劲,行文幽默机智,论理深沉透彻。虽是议论性的文字,却完全体现了苏东坡散文论的特色,真是"大略如行云流水",所行所止,水到渠成,自然天成而淋漓尽致。

题标"闲谈",从"螟蛉养子"之自然景观漫谈而来,但实际却不是一篇"闲谈"的聊天文字,而是一篇思想性十分深刻的刺世之作。标题和文字命意就鲜明地展现出鲁迅杂文看似委婉含蓄,实则辛辣尖刻的幽默特色。鲁迅的杂文,绝不作空泛的论理和抽象的说教,总是把深奥的思想和超人的见解蕴蓄在具体而生动的形象之中,不但给人深刻的启发,更总是令人读之酣畅淋漓。

文章伊始,从春末夏初,想起故乡细腰蜂捕捉青虫的景观"聊"起,那是一个因不懂科学而产生的美丽误解,而且还产生了一个美丽的成语——螟蛉之子。所以鲁迅说:"当长夏无事,遣暑林阴,瞥见二虫一拉一拒的时候,便如睹慈母教女,满怀好意,而青虫的宛转抗拒,则活像一个不识好歹的毛鸦头。"说起来,古代中国对于科学的不了解,好像给了人们艺术上的美好想象,而实则是一种蒙昧,鲁迅在这里又是反话正说。

故而鲁迅接下去说"但究竟是夷人可恶,偏要讲什么科学。科学虽然给我们许多惊奇,但也搅坏了我们许多好梦"。这"搅坏了我们许多好梦",则又是"正话反说","夷人可恶",这是虚拟的站在希望人民思想永不开放的"老前辈们"的立场上去说的,而潜台词是被科学"搅坏了"的"好梦",正是被打破了的欺骗。

鲁迅用科学的证实,说明了细腰蜂其实是捕捉青虫为后代提供营养食料,这细腰蜂不但是生物界"残忍的凶手",而且还是"学识技术都极高明的解剖学家",它为了孕育后代把小青虫房去,用神奇的毒针往它运动神经上一螫,将其"麻痹为不死不活状态",这才在它身上生产卵,封入窠中。

接着,鲁迅将笔锋一转,写道,"三年前,我遇见神经过敏的俄国的E君,有一天他忽然发愁道,不知道将来的科学家,是否不至于发明一种奇妙的药品,将这注射在谁的身上,则这人即甘心永远去做服役和战争的机器了?那时我也就蹙眉叹息,装作一齐发愁的模样,以示'所见略同'

之至意,殊不知我国的圣君,贤臣,圣贤,圣贤之徒,却早已有过这一种黄金世界的理想了。不是'唯辟作福,唯辟作威,唯辟玉食'么?不是'君子劳心,小人劳力'么?不是'治于人者食人,治人者食于人'么",本段用"E君"的故事开头,鲁迅就自然而然地从生物界现象导入到社会现象,把矛头指向封建文化所宣扬的精神"麻痹"。接下来,鲁迅尖刻而深刻地指出:

可惜理论虽已卓然,而终于没有发明十全的好方法。要服从作威就须不活,要贡献玉食就须不死;要被治就须不活,要供养治人者又须不死。人类升为万物之灵,自然是可贺的,但没有了细腰蜂的毒针,却很使圣君,贤臣,圣贤,圣贤之徒,以至现在的阔人,学者,教育家觉得棘手。

由此,鲁迅在文中通过对这些现象的讽刺,将上自"极峰",下至"特殊知识阶级",以至于遗老的圣经贤传法、学者的进研究室主义、文学家和茶摊老板的莫谈国事律、教育家的勿视勿听勿言勿动论、留学生的特别发现等等他欲进行批判的一系列愚昧主义,统统自然而然地融进了文中,进行了深刻的讽刺。这种自然而然,不动声色就将讽刺对象纳入文中,话虽含蓄,却一针见血的文学式讽刺手法,形象性的议论方法,无不使读者一路会心共鸣,一路忍俊不禁,达到了议论讽刺的最佳效果。

鲁迅杂文善于化腐朽为神奇,变枯燥为生动,在《春末闲谈》里,他把一个古代的传说典故作为引子,也是一个生动的比喻物,然后大量引述儒家经典言论予以排列,借助丰富的历史知识,饶有趣味地影射现实。他指出,皇帝总是梦寐以求"万年有道之长"的,可是这一"黄金世界的理想"总不能实现,"难免时常改姓易代","《二十四史》而多至二十四,就是可悲的铁证",外国也一样,尼古拉二世驾崩后,罗马诺夫王朝就"覆宗绝祀"了,人会死,朝代会更替,人的思想在别人的脑子里,无法禁止,这些都是历史发展规律和自然的规律,谁也无可奈何。因此讽刺十分辛辣尖刻,也十分深刻透彻。

《春末闲谈》选自鲁迅1926年10月30日编写的论文集《坟》。这篇致力于文化批判的文章,结构自然而缜密,构思奇妙而脉络清晰,语言含蓄尖刻而酣畅淋漓,把高度的理论概括与生动的形象说明完美地结合在一起,旁征博引,层层递进,具有极大的论理穿透力和审美征服力。

　　文章体现了丰富的知识性,作者从中国历史典故说开,从《诗经》里的"螟蛉有子,果蠃负之",到法国的昆虫学大家(法布尔),到专制的俄国,尼古拉二世"龙御上宾",到《山海经》上叫"刑天"的怪物,到陶潜先生的诗:"刑天舞干戚,猛志固常在",历数了中外历史文化,自然科学知识和文学知识。这些有趣的知识经作者自然而然地融进论述中,既是论据,也成为论证过程,这是最值得体味学习借鉴的语言表述方法,整篇文章,浑然一体,完全打破了一般论说文体论理和论据实为二元结合的常规论证方式。这是一种酣畅淋漓的文学论辩方式,很难简单地指定为归纳还是演绎。

　　而幽默风趣,好用反语的语言特点,既增强了文章的征服性,又使说理文章风趣生动,避免了枯燥无味,板脸说教的缺陷。反语的运用,往往比正面的批判更深刻,用以抨击和否定事物和道理,往往比一本正经地直接论辩反而来得畅快,更使人在欣喜之下产生认同感和痛快感。而《春末闲谈》还常常在表面以同情"治人者立场"的口吻行文,施嘲弄和讽刺之实,比如:

　　于是我们的造物主——假如天空真有这样的一位"主子"——就可恨了:一恨其没有永远分清"治者"与"被治者";二恨其不给治者生一枝细腰蜂那样的毒针;三恨其不将被治者造得即使砍去了藏着的思想中枢的脑袋而还能动作——服役。三者得一,阔人的地位即永久稳固,统御也永久省了气力,而天下于是乎太平。今也不然,所以即使单想高高在上,暂时维持阔气,也还得日施手段,夜费心机,实在不胜其委屈劳神之至……

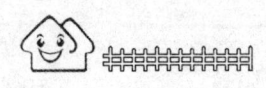

这样的语言修辞和表达方式,在文中比比皆是,读之每每令人拍案。

这样一些鲜明的"鲁迅式论辩方式",读来趣味盎然,使读者忍俊不禁,会心共鸣。强烈的认同感,使文章的"战斗力"大为增强。

谦 让

梁实秋

谦让仿佛是一种美德,若想在眼前的实际生活里寻一个具体的例证,却不容易。类似谦让的事情近来似很难得发生一次。就我个人的经验说,在一般宴会里,客人入席之际,我们最容易看见类似谦让的事情。一群客人挤在客厅里,谁也不肯先坐,谁也不肯坐首座,好像"常常登上座,渐渐入祠堂"的道理是人人所不能忘的。于是你推我让,人声鼎沸。辈份小的,官职低的,垂着手远远的立在屋角,听候调遣。自以为有占首座或次座资格的人,无不攘臂而前,拉拉扯扯,不肯放过他们表现谦让的美德的机会。有的说:"我们叙齿,你年长!"有的说:"我常来,你是稀客!"有的说:"今天非你上座不可!"事实固然是为让座,但是当时的声浪和唾沫星子却都表示像在争座。主人腆着一张笑脸,偶然插一两句嘴,作鹭鸶笑。这场纷扰,要直到大家的兴致均已低落,该说的话差不多都已说完,然后急转直下,突然平息,本就该坐上座的人便去就了上座,并无苦恼之象,而往往是显着踌躇满志顾盼自雄的样子。

我每次遇到这样谦让的场合,便首先想起聊斋上的一个故事:一伙人在热烈的让座,有一位扯着另一位的袖子,硬往上拉,被拉的人硬往后躲,双方势均力敌,突然间拉着袖子的手一松,被拉的那只胳臂猛然向后一缩,胳臂肘尖正撞在后面站着的一位驼背朋友的两只特别凸出的大门牙上,喀吱一声,双牙落地!我每忆起这个乐极生悲的故事,为明哲保身起见,在让座时我总躲得远远的。等风波过后,剩下的位置是我的,首座也可以,坐上去并不头晕,末座亦无妨,我也并不因此少吃一嘴。我不谦让。

考让座之风之所以如此地盛行,其故有二。第一,让来让去,每人总有一个位置,所以一面谦让,一面稳有把握。假如主人宣布,位置只有十二个,客人却有十四位,那便没有让座之事了。第二,所让者是个虚荣,本来无关宏旨,凡是半径都是一般长,所以坐在任何位置(假如是圆桌)都可以享受同样的利益。假如明文规定,凡坐过首席若干次者,在铨叙上特别有利,我想让座的事情也就少了。我从不曾看见,在长途公共汽车车站售票的地方,如果没有木制的长栅栏,而还能够保留一点谦让之风!因此我发现了一般人处世的一条道理,那便是:可以无需让的时候,则无妨谦让一番,于人无利,于己无损;在该让的时候,则不谦让,以免损己;在应该不让的时候,则必定谦让,于己有利,于人无损。

　　小时候读到孔融让梨的故事,觉得实在难能可贵,自愧弗如。一只梨的大小,虽然是微屑不足道,但对于一个四五岁的孩子,其重要或者并不下于一个公务员之心理盘算。有人猜想,孔融那几天也许肚皮不好,怕吃生冷,乐得谦让一番。我不敢这样妄加揣测。不过我们要承认,利之所在,可以使人忘形,谦让不是一件容易的事。孔融让梨的故事,发扬光大起来,确有教育价值,可惜并未发生多少实际的效果:今之孔融,并不多见,谦让做为一种仪式,并不是坏事,像天主教会选任主教时所举行的仪式就满有趣。就职的主教照例的当众谦逊三回,口说"noloepiscopari"意即"我不要当主教",然后照例的敦促三回终于勉为其难了。我觉得这样的仪式比宣誓就职之后再打通电声明固辞不获要好得多。谦让的仪式行久了之后,也许对于人心有潜移默化之功,使人在争权夺利奋不顾身之际,不知不觉的也举行起谦让的仪式。可惜我们人类的文明史尚短,潜移默化尚未能奏大效,露出原始人的狰狞面目的时候要比雍雍穆穆的举行谦让仪式的时候多些。我每次从公共汽车售票处杀进杀出,心里就想先王以礼治天下,实在有理。

作者简介:

　　梁实秋(1903—1987),号均默,原名梁治华、字实秋,笔名子佳、秋郎、程淑等。浙江杭县(今余杭)人。出生于北京。中国著名的散文家、学者、文学批评家、翻译家。

　　1915年秋考入清华学校，1923年8月毕业后赴美国科罗拉多州科罗拉多学院(Colorado College)留学。1924年到上海编辑《时事新报》副刊《青光》，同时与张禹九合编《苦茶》杂志，不久任暨南大学教授。1926年任教于国立东南大学。1930年任山东大学外文系主任兼图书馆长。1932年到天津编《益世报》副刊《文学周刊》。1934年应聘任北京大学研究教授兼外文系主任。1935年秋创办《自由评论》，先后主编过《世界日报》副刊《学文》和《北平晨报》副刊《文艺》。1938年在重庆主持《中央日报·平明副刊》。抗战后任北平师大教授。1949年到台湾，任台湾师范大学英语系教授，后兼系主任，再后又兼文学院长。1961年起专任师大英语研究所教授。1966年退休。1987年11月3日病逝于台北。

　　他一生给中国文坛留下了两千多万字，其中，有著作30多部，翻译作品17部，主编《远东英汉大词典》。其散文集创造了中国现代散文著作出版的最高纪录。散文代表作《雅舍小品》从1949年起20多年共出4辑。30年代开始翻译莎士比亚作品，持续40载，到1970年完成《莎士比亚全集》的翻译，计剧本37册，诗3册。晚年用7年时间完成百万言著作《英国文学史》。

点评：

　　读了《谦让》，首先被文章征服的，还是作者那出于"平民"视角的深刻社会观察和他那一针见血的见解，文章写于20世纪40年代，但所揭示的那种假谦让真逐利的社会现象，却盛行于今日，令人顿起共鸣。

　　但梁实秋的文章令人觉得亲切而广受欢迎的，却是他那平和温文的幽默风格所致。有博主于博文中评梁实秋的小品，"大多是采取谑而不虐、亦庄亦谐的笔调加以漫画化、喜剧化，谈笑风生，妙语连篇，像猫爪戏人而不伤人，使人在笑声中接受作者的善意指摘，努力改善自身的尊容做派。这是一种高超的幽默艺术，既不愤世嫉俗，亦非玩世不恭，而是含笑玩味，寓庄于谐，调侃世俗，善解人意，深得幽默三昧，非智者兼仁者难以做到"。

　　《谦让》确是这样一篇"含笑玩味,寓庄于谐,调侃世俗,善解人意,深得幽默三昧"的文章。文章开首,他从容不迫地写道:"谦让仿佛是一种美德","仿佛"一词,在这里用得大有深意。"谦让"就是美德,怎么"仿佛"是呢?谦让是个正面的褒义词,说到谦让,当然应该肯定,但却用一个中性的表意模糊的词——"仿佛",就消解了它的内质意义,变成了假美德,因此作者说:"若想在眼前的实际生活里寻一个具体的例证,却不容易。"接着,作者举例叙述宴会客人的入席,那虚情假意的谦让,正是广大读者感同身受的怪象,尤其是作者不动声色的点评:"事实固然是为让座,但是当时的声浪和唾沫星子却都表示像在争座","直到大家的兴致均已低落,该说的话差不多都已说完,然后急转直下,突然平息,本就该坐上座的人便去就了上座,并无苦恼之象,而往往是显着踌躇满志顾盼自雄的样子",读者差不多是要鼓掌大笑赞同道:"哈哈哈哈,我们遇到的情况,竟然毫无二致啊!"

　　梁实秋先生的文章往往从容不迫,并不复杂。《谦让》也是这样的一篇文章。说完宴会谦让之态,他继续举了一个"聊斋"里因"谦让"碰掉门牙的故事,以强化开首的效果。接下来的两个段落,他揭示了假谦让是因为没有可让的利益,如有利益所在,就会露出真面目了,如公交车,大家不是让而是抢了。

　　最后文章提出应发扬光大孔融让梨的品格,提倡教会就职的谦虚礼仪,但一旦利益当前,则不是件容易的事,因此作者感叹:"可惜我们人类的文明史尚短,潜移默化尚未能奏大效,露出原始人的狰狞面目的时候要比雍雍穆穆的举行谦让仪式的时候多些。我每次从公共汽车售票处杀进杀出,心里就想先王以礼治天下,实在有理。"看看梁实秋先生的感慨,想象我们自己,心里不禁笑了起来,而头也禁不住微微地摇了摇,那是对社会和自己的反思之下,有些羞愧的尴尬。梁实秋先生的文章,其风格和效果,就是这样,他对社会的批评,会让你在愉悦中默默地接受,接受了,你还会觉得有些温馨。

这是因为梁实秋先生的文章，观察得实，议论得实，道理贴近人心，徐徐地叙述议论，道理直通人心，语言多姿多彩，而文字却温文尔雅。即如《谦让》一文，不到两千字的文章，三个部分：揭示了假谦让的现象，指出假谦让的原因，提倡真谦让的美德。描写了宴会入席的"谦让"丑态，摆了一个聊斋故事，举了一个中国古代谦让故事和教会就职礼仪，告诉了"先王以礼治天下"的儒家核心理论之一，而叙议之中，竟还有对话描写，徐徐的叙述议论，内容却是如此丰富充实。

　　而文章的语言，决不追求辛辣，其幽默机智，却往往使人掩口一笑，比如："一群客人挤在客厅里，谁也不肯先坐，谁也不肯坐首座，好像'常常登上座，渐渐入祠堂'的道理是人人所不能忘的。于是你推我让，人声鼎沸。辈份小的，官职低的，垂着手远远的立在屋角，听候调遣。自以为有占首座或次座资格的人，无不攘臂而前，拉拉扯扯，不肯放过他们表现谦让的美德的机会"；又比如："可惜我们人类的文明史尚短，潜移默化尚未能奏大效，露出原始人的狰狞面目的时候要比雍雍穆穆的举行谦让仪式的时候多些。"这些句子，堪称幽默俏皮，论理入木三分，但只如明镜照人般透彻，却无利刃刺人的锋芒。真是君子之文，文质彬彬。

论毅力

梁启超

天下古今成败之林，若是其莽然不一途也。要其何以成，何以败？曰：有毅力者成，反是者败。

盖人生历程，大抵逆境居十六七，顺境亦居十三四，而逆境又常相间以迭乘。无论事之大小，必有数次乃至十数次之阻力，其阻力虽或大或小，而要之必无可逃避者也。其在志力薄弱之士，始固曰吾欲云云，其意以为天下事固易易也，及骤尝焉而阻力猝来，颓然丧矣；其次弱者，乘一时之意气，透过此第一关，遇再挫而退；稍强者，遇三四挫而退；更稍强者，遇五六挫而退；其事愈大者，其遇挫愈多；其不退也愈难，非至强之人，未有能善于其终者也。

夫苟其挫而不退矣，则小逆之后，必有小顺。大逆之后，必有大顺。盘根错节之既经，而随有应刃而解之一日。旁观者徒艳羡其功之成，以为是殆幸运儿，而天有以宠彼也，又以为我蹇于遭逢，故所就不彼若也。庸讵知所谓蹇焉、幸焉者，皆彼与我之相同，而其能征服此蹇焉，利用此幸焉与否，即彼成我败所由判也。更譬诸操舟，如以兼旬之期，行千里之地者，其间风潮之或顺或逆，常相参伍。彼以坚苦忍耐之力，冒其逆而突过之，而后得从容以进度其顺。我则或一日而返焉，或二三日而返焉，或五六日而返焉，故彼岸终不可达也。

孔子曰："譬如为山，未成一篑，止吾止也；譬如平地，虽复一篑，进吾往也。"孟子曰："有为者，譬若掘井，掘井九仞，而不及泉，犹为弃井也。"成败之数，视此而已。

作者简介：

梁启超(1873—1929)，字卓如，一字任甫，号任公，又号饮冰室主人等，东新会人。中国近代维新派代表人物，近代中国的思想启蒙者，与康有为一起领导了著名的"戊戌变法"。

他是近代文学革命运动的理论倡导者，提出了"诗界革命"和"小说界革命"的口号。以他于1896年《时务报》到1906年《新民丛报》十年内发表的一组散文为标志，完成了资产阶级改良派在散文领域的创举——新文体的确立(亦称"新民体")。

梁启超在散文的内容与形式上都进行了重大突破。在内容上，将散文作为其变法思想的宣传工具，揭露批判黑暗丑恶的现实，宣传西方先进的思想与科技，积极呼吁变法自强。在形式上，他的散文议论纵横、气势磅礴，感情炽烈，极富鼓动性，"对于读者，别具一种魔力"；语言"务为平易畅达，时杂以俚语、韵语及外国语法，纵笔所至不拘束"，在当时，是一种半文半白的新文体。代表作《少年中国说》，针对中国现状，分析透彻，条理清楚，行文一泻千里，大气磅礴。故梁启超散文的影响极大，"每一文出，则全国之身目为之一耸"。以梁启超散文为代表的新文体是对桐城派以来散文的一次解放，它的出现为中国古典散文向现代散文尤其是"五四"时期的白话文转化作了必要的准备。

梁启超于学术研究涉猎广泛，在哲学、文学、史学、经学、法学、伦理学、宗教学等领域，均有建树，以史学研究成绩最显著。1901—1902年，先后撰写了《中国史叙论》和《新史学》，批判封建史学，发动"史学革命"。1922年起在清华学校兼课，1925年应聘任清华国学研究院导师，指导范围为"诸子"、"中国佛学史"、"宋元明学术史"、"清代学术史"、"中国文学"、"中国哲学史"、"中国史"、"史学研究法"、"儒家哲学"、"东西交流史"等。这期间著有《清代学术概论》、《墨子学案》、《中国历史研究法》、《中国近三百年学术史》、《情圣杜甫》、《屈原研究》、《先秦政治思想史》、《中国文化史》、《变法通议》等。

梁启超一生勤奋，著述宏富，在将近36年而政治活动又占去大量时间的情况下，每年平均写作达39万字之多。1936年9月11日出版的《饮冰室合集》，计148卷，1000余万字。

点评：

　　梁启超的《论毅力》，简短，故而不像他的《少年中国说》那么汪洋恣肆。但简短有力，启迪思维，鼓舞精神，提升意志，却仍然体现了梁启超论辩散文的特色。

　　文章的开始，设问，回答：在古今成败如林的事例中，莽莽然有各种不同的路途。精要地归纳为什么成，为什么败？一句话：有毅力的人就会成功，相反就会失败。开门见山，简洁明了，一下就抓住读者的思想，这是他文章开头的特色。

　　接着，他论述了人生的历程，逆境多——十之六七，顺境少——十之三四，而逆境不会一下就完，会带来更多的困难。而事情越大，挫折就越大，因此，只有至强之人，才能最后达到终点。

　　因此，只要坚持，逆境之后，就会有顺利，但冲破逆境是很难的，旁人看成功的人，以为别人幸运，而不知道困难都是一样的，就看你能不能坚持，就像划船，"彼以坚苦忍耐之力，冒其逆而突过之，而后得从容以进度其顺。我则或一日而返焉，或二三日而返焉，或五六日而返焉，故彼岸终不可达也。"人家以坚苦忍耐的毅力，顶着风潮才能突过，我们自己，或者坚持一天，或者坚持两三天，或者坚持五六天就退却了，所以你才达不到彼岸。

　　论述的道理并不艰深，而逻辑性十分强烈，语言简练生动，比喻准确，很能说服人。

　　文章最后引用孔子和孟子的话，十分精准。孔子说，当你造山的时候，只差一筐土了，你却泄了气，败于你自己，当你填地的时候，虽然开始只倒了一筐土，但只要继续填，你就会继续前进。孟子说，就像挖井，泉水在十仞下，你就算挖了九仞，不能坚持下去，也是一个废井。不用多话，这两个伟人的话，太明白不过了。

这就是梁启超的短文,开头结尾,简洁明了,主题突出,说理贴切,而正文的论述,逻辑鲜明,语言精练,抓得住要害,再加以比喻,全文绝无半个废字,文虽不长,却十分耐读,具有很强的启发性。

少年中国说①

梁启超

　　日本人之称我中国也,一则曰老大帝国,再则曰老大帝国。是语也,盖袭译欧西②人之言也。呜呼!我中国其果老大矣乎?任公曰:恶③!是何言!是何言!吾心目中有一少年中国在。

　　欲言国之老少,请先言人之老少。老年人常思既往,少年人常思将来。惟思既往也,故生留恋心;惟思将来也,故生希望心。惟留恋也,故保守;惟希望也,故进取。惟保守也,故永旧;惟进取也,故日新。惟思既往也,事事皆其所已经者,故惟知照例;惟思将来也,事事皆其所未经者,故常敢破格。老年人常多忧虑,少年人常好行乐。惟多忧也,故灰心;惟行乐也,故盛气。惟灰心也,故怯懦;惟盛气也,故豪壮。惟怯懦也,故苟且;惟豪壮也,故冒险。惟苟且也,故能灭世界;惟冒险也,故能造世界。老年人常厌事,少年人常喜事。惟厌事也,故常觉一切事无可为者;惟好事也,故常觉一切事无不可为者。老年人如夕照,少年人如朝阳。老年人如瘠牛,少年人如乳虎。老年人如僧,少年人如侠。老年人如字典,老年人如戏文。老年人如鸦片烟,少年人如泼兰地酒。老年人如别行星之陨石,少年人如大洋海之珊瑚岛。老年人如埃及沙漠之金字塔④,少年人如西比利亚之铁路。老年人如秋后之柳,少年人如春前之草。老年人如死海之潴⑤为泽,少年人如长江之初发源。此老年人与少年人性格不同之大略也。任公曰:人固有之,国亦宜然。

　　任公曰:伤哉,老大也!浔阳江头琵琶妇⑥,当明月绕船,枫叶瑟瑟,衾寒于铁,似梦非梦之时,追想洛阳尘中春花秋月之佳趣。西宫南内⑦,白发宫娥,一灯如穗,三五对坐,谈开元、天宝间遗事,谱《霓裳羽衣曲》。青门种瓜人⑧,左对孺人,顾弄孺子,忆侯门似海珠履杂遝之盛事。拿破仑⑨之流于厄蔑，阿剌飞⑩之幽于锡兰，与三两监守吏，或过访之好事者，道当年短刀匹马驰骋中原，席卷欧洲，血战海楼，一声叱咤，万国震恐之丰功伟烈⑪，初而拍案，继而抚髀⑫，终而揽镜。呜呼，面皱齿尽，白发盈把，颓然老矣！若是者，舍幽郁⑬之外无心事，舍悲惨之外无天地；舍颓唐之外无日月，舍叹息之外无音声；舍待死之外无事业。美人豪杰且然，而况寻常碌碌者耶？生平亲友，皆在墟墓；起居饮食，待命于人。今日且过，遑知他日？今年且过，遑恤明年？普天下灰心短气之事，未有甚于老大者。于此人也，而欲望以拿云⑭之手段，回天⑮之事功，挟山超海⑯之意气，能乎不能？

呜呼！我中国其果老大矣乎？立乎今日以指畴昔，唐虞三代⑰，若何之郅治⑱；秦皇汉武，若何之雄杰；汉唐来之文学，若何之隆盛；康乾间之武功，若何之炟赫。历史家所铺叙，词章家所讴歌，何一非我国民少年时代良辰美景、赏心乐事之陈迹哉！而今颓然老矣！昨日割五城，明日割十城，处处雀鼠尽，夜夜鸡犬惊。十八省⑲之土地财产，已为人怀中之肉；四百兆⑳之父兄子弟，已为人注籍之奴㉑，岂所谓"老大嫁作商人妇"㉒者耶？呜呼！凭君莫话当年事，憔悴韶光不忍看！楚囚相对㉓，岌岌顾影，人命危浅，朝不虑夕。国为待死之国，一国之民为待死之民。万事付之奈何，一切凭人作弄，亦何足怪！

任公曰：我中国其果老大矣乎？是今日全地球之一大问题也。如其老大也，则是中国为过去之国，即地球上昔本有此国，而今渐渐灭㉔，他日之命运殆将尽也。如其非老大也，则是中国为未来之国，即地球上昔未现此国，而今渐发达，他日之前程且方长也。欲断今日之中国为老大耶？为少年耶？则不可不先明"国"字之意义。夫国也者，何物也？有土地，有人民，以居于其土地之人民，而治其所居之土地之事，自制法律而自守之；有主权，有服从，人人皆主权者，人人皆服从者。夫如是，斯谓之完全成立之国。地球上之有完全成立之国也，自百年以来也。完全成立者，壮年之事也。未能完全成立而渐进于完全成立者，少年之事也。故吾得一言以断之曰：欧洲列邦在今日为壮年国，而我中国在今日为少年国。

夫古昔之中国者,虽有国之名,而未成国之形也。或为家族之国,或为酋长之国,或为诸侯封建之国,或为一王专制之国。虽种类不一,要之,其于国家之体质也,有其一部而缺其一部。正如婴儿自胚胎以迄成童,其身体之一二官支㉕,先行长成,此外则全体虽粗具,然未能得其用也。故唐虞以前为胚胎时代,殷周之际为乳哺时代,由孔子而来至于今为童子时代。逐渐发达,而今乃始将入成童以上少年之界焉。其长成所以若是之迟者,则历代之民贼有窒其生机者也。譬犹童年多病,转类老态,或且疑其死期之将至焉,而不知皆由未完成未成立也。非过去之谓,而未来之谓也。

且我中国畴昔,岂尝有国家哉?不过有朝廷耳!我黄帝子孙,聚族而居,立于此地球之上者既数千年,而问其国之为何名,则无有也。夫所谓唐、虞、夏、商、周、秦、汉、魏、晋、宋、齐、梁、陈、隋、唐、宋、元、明、清者,则皆朝名耳。朝也者,一家之私产也。国也者,人民之公产也。朝有朝之老少,国有国之老少。朝与国既异物,则不能以朝之老少而指为国之老少明矣。文、武、成、康㉖,周朝之少年时代也。幽、厉、桓、赧㉗,则其老年时代也。高、文、景、武㉘,汉朝之少年时代也。元、平、桓、灵㉙,则其老年时代也。自余历朝,莫不有之。凡此者谓为一朝廷之老也则可,谓为一国之老也则不可。一朝廷之老且死,犹一人之老且死也,于吾所谓中国者何与焉。然则,吾中国者,前此尚未出现于世界,而今乃始萌芽云尔。天地大矣,前途辽矣。美哉我少年中国乎!

玛志尼㉚者,意大利三杰之魁也。以国事被罪,逃窜异邦。乃创立一会,名曰"少年意大利"。举国志士,云涌雾集以应之。卒乃光复旧物,使意大利为欧洲之一雄邦。夫意大利者,欧洲之第一老大国也。自罗马亡后㉛,土地隶于教皇,政权归于奥国,殆所谓老而濒于死者矣。而得一玛志尼,且能举全国而少年之,况我中国之实为少年时代者耶!堂堂四百余州之国土,凛凛四百余兆之国民,岂遂无一玛志尼其人者!

龚自珍氏之集有诗一章,题曰《能令公少年行》㉜。吾尝爱读之,而有味乎其用意之所存。我国民而自谓其国之老大也,斯果老大矣;我国民而自知其国之少年也,斯乃少年矣。西谚有之曰:"有三岁之翁,有百岁之童。"然则,国之老少,又无定形,而实随国民之心力以为消长者也。吾见乎玛志尼之能令国少年也,吾又见乎我国之官吏士民能令国老大也。吾为此惧! 夫以如此壮丽浓郁翙翙绝世之少年中国,而使欧西日本人谓我为老大者,何也? 则以握国权者皆老朽之人也。非哦几十年八股,非写几十年白折③,非当几十年差,非挨几十年俸,非递几十年手本,③非唱几十年喏⑤,非磕几十年头,非请几十年安,则必不能得一官、进一职。其内任卿贰㊱以上,外任监司㊲以上者,百人之中,其五官不备㊳者,殆九十六七人也。非眼盲则耳聋,非手颤则足跛,否则半身不遂也。彼其一身饮食步履视听言语,尚且不能自了,须三四人左右扶之捉之,乃能度日,于此而乃欲责之以国事,是何异立无数木偶而使治天下也! 且彼辈者,自其少壮之时既已不知亚细亚、欧罗巴为何处地方,汉祖唐宗是那朝皇帝,犹嫌其顽钝腐败之未臻其极,又必搓磨㊴之,陶冶之,待其脑髓已涸,血管已塞,气息奄奄,与鬼为邻之时,然后将我二万里山河,四万万人命,一举而畀于其手。呜呼! 老大帝国,诚哉其老大也! 而彼辈者,积其数十年之八股、白折、当差、挨俸、手本、唱诺、磕头、请安,千辛万苦,千苦万辛,乃始得此红顶花翎㊵之服色,中堂大人㊶之名号,乃出其全副精神,竭其毕生力量,以保持之。如彼乞儿拾金一锭,虽轰雷盘旋其顶上,而两手犹紧抱其荷包,他事非所顾也,非所知也,非所闻也。于此而告之以亡国也,瓜分也,彼乌㊷从而听之,乌从而信之! 即使果亡矣,果分矣,而吾今年七十矣,八十矣,但求其一两年内,洋人不来,强盗不起,我已快活过了一世矣! 若不得已,则割三头两省㊸之土地奉申贺敬,以换我几个衙门;卖三几百万之人民作仆为奴,以赎我一条老命,有何不可? 有何难办? 呜呼! 今之所谓老后、老臣、老将、老吏者,其修身齐家治国平天下之手段,皆具于是矣。西风一夜催人老,凋尽朱颜白尽头。使走无常㊹当医生,携催命符以祝寿,嗟乎痛哉! 以此为国,是安得不老且死,且吾恐其未及岁而殇也。

任公曰:造成今日之老大中国者,则中国老朽之冤业也。制出将来之少年中国者,则中国少年之责任也。彼老朽者何足道,彼与此世界作别之日不远矣,而我少年乃新来而与世界为缘。如僦屋⑮者然,彼明日将迁居他方,而我今日始入此室处。将迁居者,不爱护其窗栊,不洁治其庭庑⑯,俗人恒情,亦何足怪!若我少年者,前程浩浩,后顾茫茫。中国而为牛为马为奴隶,则烹脔⑰棰鞭之惨酷,惟我少年当之。中国如称霸宇内,主盟地球,则指挥顾盼之尊荣,惟我少年享之。于彼气息奄奄与鬼为邻者何与焉?彼而漠然置之,犹可言也。我而漠然置之,不可言也。使举国之少年而果为少年也,则吾中国为未来之国,其进步未可量也。使举国之少年而亦为老大也,则吾中国为过去之国,其澌亡可翘足而待也。故今日之责任,不在他人,而全在我少年。少年智则国智,少年富则国富;少年强则国强,少年独立则国独立;少年自由则国自由,少年进步则国进步;少年胜于欧洲则国胜于欧洲,少年雄于地球则国雄于地球。红日初升,其道大光⑱。河出伏流,一泻汪洋。潜龙腾渊,鳞爪飞扬。乳虎啸谷,百兽震惶。鹰隼试翼,风尘吸张。奇花初胎,矞矞皇皇⑲。干将发硎,有作其芒。天戴其苍,地履其黄。纵有千古,横有八荒。前途似海,来日方长。美哉我少年中国,与天不老!壮哉我中国少年,与国无疆!

——选自《饮冰室合集》

注释:

①本文作于光绪二十六年(1900年),文章从驳斥日本和西方列强污蔑我国为"老大帝国"入手,说明中国是一个正在成长的少年中国。本文所说的"国",是理想的资产阶级共和国。文章认为封建专制制度和封建官吏已经腐朽,希望寄托在中国少年身上,并且坚信中国少年必有志士,能使国家富强,雄立于地球。反映了作者渴望祖国繁荣昌盛的爱国思想和积极乐观的民族自信心。文章紧扣主题,运用排比句法,层层推进,逐次阐发,写得极有感情,极有气势。

②欧西:指欧美西方世界。

③恶(wū乌):叹词,犹"唉",含有否定的意思。

④金字塔:古代埃及王墓,以石筑成,底面为四方形,侧面作三角形之方尖塔,望之状如"金"字,故译名"金字塔"。金字塔与下句"西伯利亚铁路"对举,取其古雅而无实用意。

⑤死海:湖名,一名咸海。因水中含盐量高,鱼类不生,故名。在约旦、以色列和巴勒斯坦间。潴(zhū 诸):聚积的水流。

⑥"浔阳"六句:用白居易《琵琶行》诗所写的故事。琵琶妇原是长安歌女(此处误为洛阳歌女),老大嫁作商人妇。商人离她经商而去。在浔阳江头的夜晚,枫叶瑟瑟,她回想往事,有不胜零落之感。浔阳江,在今九江市北,长江流经九江市的一段。

⑦"西宫"六句:就白居易《长恨歌》所咏唐玄宗与杨贵妃事,用元稹《行宫》"白头宫女在,闲坐说玄宗"诗意,谓"安史之乱"后,白头宫人忆及当年事,倍感凄凉。西宫,唐太极宫;南内,唐兴庆宫。李隆基自四川返京后,先居兴庆宫,后迁西宫。"霓裳羽衣曲",本名《婆罗门》,源出印度,开元中传入中国。传说李隆基梦游月宫,听诸仙奏曲,默记其调,醒后令乐工谱成。南内:唐代的兴庆宫,在皇城东南,故称南内。

⑧"青门"四句:用汉初邵平故事。邵平在秦末为东陵侯。秦亡后,在长安东门外种瓜为生(见《三辅黄图》)。此句谓邵平回想当年的繁华,颇为感伤。青门,汉长安东门。孺人,古代大夫之妻称孺人,明、清两代七品官的妻子封孺人。珠履,用珠子装饰的鞋。杂遝(tà 踏),杂乱。

⑨拿破仑:即拿破仑一世。法国资产阶级政治家、军事家。他于1804年为法国皇帝,曾称霸欧洲。1814年各国联军攻破巴黎,拿破仑被流放于厄尔巴岛。厄蔑:即厄尔巴岛,在意大利半岛和法国科西嘉岛之间。

⑩阿刺飞:指埃及民族解放运动领袖阿拉比,曾率众推翻英、法殖民统治。1882年,英国侵略军进攻埃及,阿拉比领导军队抗击,战败被流放于锡兰。

⑪丰功伟烈:丰功伟绩。烈,功绩。贾谊《过秦论》:"及至始皇,奋六世之馀烈,振长策而御宇内。"

⑫抚髀(bì 婢):《三国志·蜀志·先主传》裴注引《九州春秋》:"备住荆州数年,尝于(刘)表坐起至厕,见髀里肉生,慨然流涕。还坐,表怪问备,备曰:'吾常身不离鞍,髀肉皆消;今不复骑,髀里肉生。日月若驰,老将至矣,而功业不建,是以悲耳!'"髀,大腿。

⑬幽郁:深沉的忧郁。

⑭拿云:上干云霄之意。李贺《致酒行》诗:"少年心事当拿云。"

⑮回天:使天地倒转,喻改变局势。

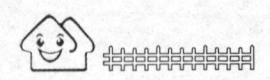

⑯挟山超海:喻英雄壮举。《孟子·梁惠王上》:"挟泰山以超北海。"

⑰唐虞三代:指唐尧、虞舜和夏、商、周三代。

⑱郅(zhì 至)治:至治,把国家治理得太平强盛。郅,极,至。

⑲十八省:清初全国共分十八个省。光绪末年增至二十三省,但人们习惯上仍称十八省。

⑳四百兆:即四亿,当时中国有四亿人口。

㉑注籍之奴:注入户籍的奴隶。这里指失去自由的人。

㉒老大嫁作商人妇:白居易《琵琶行》中的诗句。

㉓楚囚相对:喻遇到强敌,窘迫无计。《晋书·王导传》载,晋元帝时,国家动乱,中州人士纷纷避乱江左。"过江人士,每至暇日,相要出新亭饮宴。周顗中坐而叹曰:'风景不殊,举目有江河之异。'皆相视流涕。惟(王)导愀然变色曰:'当共戮力王室,克复神州,何至作楚囚相对泣邪?'"

㉔澌灭:消亡,消失。

㉕官支:五官、四肢。

㉖文、武、成、康:周朝初年的几代帝王。周文王奠定了灭商的基础;周武王灭商建立周朝;成王、康王把国家治理得非常强盛,史称"成康之治"。所以下句将其比作周朝的少年时代。

㉗幽、厉、桓、赧(nǎn 蝻):指周幽王、厉王、桓王、赧王。幽王宠褒姒,废申后,申侯联合犬戎攻周,幽王被杀,西周灭亡。周厉王暴虐,被流放于彘(今山西霍县)。周桓王时,东周王室衰落。周赧王死后不久,东周灭亡。

㉘高、文、景、武:指汉初四代皇帝。汉高祖灭秦、楚,建立汉王朝。文帝、景帝发展生产,国家强盛,史称"文景之治"。武帝重武功,国力强盛。

㉙元、平、桓、灵:汉元帝、平帝、桓帝、灵帝。汉元帝时,西汉开始衰落;汉平帝死后不久,王莽篡国,西汉灭亡。桓帝、灵帝是东汉末年的两代帝王,其执政期间外戚、宦官专权,政治黑暗,为东汉灭亡种下了祸根。

㉚玛志尼(1805—1872):意大利爱国者。罗马帝国灭亡后,意大利受奥地利帝国奴役,玛志尼创立"少年意大利党",创办《少年意大利报》,发动和组织资产阶级革命,完成意大利的独立统一事业。他与同时的加里波的、喀富尔并称"意大利三杰"。下文"旧物",指国家原有的基业。

㉛罗马亡后:罗马帝国曾跨欧亚两洲,后分裂为二。西罗马亡于476年,东罗马亡于1453年。下文"土地隶于教皇,政权归于奥国",是指1815年后,意大利分为几个邦

国,其中罗马教皇国势力甚大,都受奥地利的控制。

㉜《能令公少年行》:龚自珍抒怀之诗,收入《定庵全集》,原意是说一个人不追求名利,放宽胸怀,就能长葆青春。这里取其长葆青春意。

㉝白折:清代科举应试的试卷之一。殿试取中进士后,还要进行朝考,以分别授予官职。朝考用白折,即用工整的楷书写在白纸制的折子上。

㉞手本:明清官场中下级晋见上级时用的名帖。

㉟唱诺(rě nuò):古代的一种礼节。对人打恭作揖,口中出声,叫唱喏。诺,当作"喏"。下文"请安",系清代问候的礼节,男子打千,即右膝微跪,隆重时,双膝跪地,呼"请某某安"。

㊱卿贰:卿是朝廷各部的长官,贰指副职。

㊲监司:清代通称各省布政使、按察使及各道道员为监司。

㊳五官不备:指五官功能不全。

㊴搓磨:磋磨,切磋琢磨。原是精益求精意,这里指磨去棱角、锋芒。

㊵红顶花翎:大官的帽饰。清代官员帽顶上顶珠的颜色、质料,标志着官阶的品级,一品官用红宝石顶珠。花翎,用孔雀翎做的帽饰,以翎眼多者为贵,五品以上用花翎,六品以下用蓝翎。

㊶中堂大人:清代大学士相当于宰相,尊称中堂大人。

㊷乌:何,哪里。

㊸三头两省:闽奥方言,两三个省。

㊹走无常:迷信说法,阴司用活人为鬼役,摄取后死者的魂。充当这种鬼差者,称走无常。

㊺僦(jiù 就)屋:租赁房屋。

㊻庭庑(wǔ 五):庭院走廊。

㊼脔(luán 峦):切成小块的肉,这里用作动词,宰割之意。箠:棍杖。这里用作动词,捶打之意。

㊽其道大光:语出《周易·益》:"自上下下,其道大光。"光,广大,发扬。

㊾矞(yù)矞皇皇:《太玄经·交》:"物登明堂,矞矞皇皇。"一般用于书面古语,用以繁荣昌盛、富丽堂皇、色彩艳丽、恢宏大气之意。

译文:

日本人称呼我们中国,一称做老大帝国,再称还是老大帝国。这个称呼,大概是承袭照译了欧洲西方人的话。真是实在可叹啊!我们中国果真是老大帝国吗?梁任公说:不!这是什么话!这算什么话!在我心中有一个少年中国存在。

　　要想说国家的老与少,请让我先来说一说人的老与少。老年人常常喜欢回忆过去,少年人则常常喜欢考虑将来。由于回忆过去,所以产生留恋之心;由于考虑将来,所以产生希望之心。由于留恋,所以保守;由于希望,所以进取。由于保守,所以永远陈旧;由于进取,所以日日更新。由于回忆过去,所有的事情都是他已经经历的,所以只知道照惯例办事;由于思考未来,各种事情都是他所未经历的,因此常常敢于破格。老年人常常多忧虑,少年人常常喜欢行乐。因为多忧愁,所以容易灰心;因为要行乐,所以产生旺盛的生气。因为灰心,所以怯懦;因为气盛,所以豪壮。因为怯懦,所以只能苟且;因为豪壮,所以敢于冒险。因为苟且因循,所以必定使社会走向死亡;因为敢于冒险,所以能够创造世界。老年人常常厌事,少年人常常喜欢任事。因为厌于事,所以常常觉得天下一切事情都无可作为;因为好任事,所以常常觉得天下一切事情都无不可为。老年人如夕阳残照,少年人如朝旭初阳。老年人如瘦瘠的老牛,少年人如初生的虎犊。老年人如坐僧,少年人如飞侠。老年人如释义的字典,少年人如活泼的戏文。老年人如抽了鸦片洋烟,少年人如喝了白兰地烈酒。老年人如告别行星向黑暗坠落的陨石,少年人如海洋中不断增生的珊瑚岛。老年人如埃及沙漠中矗立的金字塔,少年人如西伯利亚不断延伸的大铁路。老年人如秋后的柳树,少年人如春前的青草。老年人如死海已聚水成大泽,少年人如长江涓涓初发源。这些是老年人与少年人性格不同的大致情况。梁任公说:人固然有这种不同,国家也应当如此。

　　梁任公说:令人悲伤的老大啊!浔阳江头琵琶女,正当明月萦绕着空船,枫树叶在秋风中瑟瑟作响,衾被冷得像铁,在似梦非梦的朦胧之时,回想当年在长安繁华的红尘中对春花赏秋月的美好意趣。清冷的长安太极、兴庆宫内,满头白发的宫娥,在结花如穗的灯下,三三五五相对而坐,谈论开元、天宝年间的往事,谱当年盛行宫内的《霓裳羽衣曲》。在长安东门外种瓜的召平,对着身边的妻子,戏逗自己的孩子,回忆禁卫森严的侯门之内歌舞杂沓、明珠撒地的盛况。拿破仑被流放到厄尔巴岛,阿拉比被幽禁在斯里兰卡,与三两个看守的狱吏,或者前来拜访的好事的人,谈当年佩着短刀独自骑马驰骋中原,席卷欧洲大地,浴血奋战在海港、大楼,一声怒喝,令万国震惊恐惧的丰功伟业,起初高兴得拍桌子,继而拍大腿感叹,最后持镜自照。真可叹啊,满脸皱纹、牙齿落尽,白发正堪一把,已颓然衰老了!像这些人,除了忧郁以外没有别的思绪,除了悲惨以外没有其他天地;除了萎靡不振以外没有其他精神寄托,除了叹息以外没有别的声息,除了等死以外没有其他事情。美人和英雄豪杰尚且如此,何况平平常常、碌碌无为之辈呢?生平的亲戚朋友,都已入于坟墓;日常起居饮食,依赖于别人。今日得过且过,匆匆哪知他日如何?今年得过且过,哪里有闲暇去考虑明年?普天之下令人灰心丧气的事,没有更甚于老大的了。对于这样的人,而要希望他有上天揽云的手段,扭转乾坤的本领,挟山跨海的意志气概,能还是不能?

  真是可悲啊,我们中国果真已经是老大帝国了吗?站在今天以纵览往昔,尧、舜和夏商周三代,是何等美好的政治;秦始皇汉武帝,是何等的英雄豪杰;汉代唐代以来的文学,是何等的兴隆繁盛;康熙、乾隆年间的武功,是何等的盛大显赫。历史家所铺叙记载的,文学家所尽情讴歌的,哪一样不是我们国民少年时代的良辰美景、赏心乐事的陈迹呢!而今颓然衰老了!昨天割去五座城,明天又割去十座城,处处穷得鼠雀不见踪影,夜夜扰得鸡犬不得安宁。全国的土地财产,已成为别人怀中的肥肉;四万万父兄同胞,已成注名于他人户册上的奴隶,这难道不就像"老大嫁作商人妇"的人一样吗?可悲啊,请君莫说当年事,衰老憔悴的光阴不忍目睹!像束手待毙的楚囚相对,孤单地自顾垂危的身影,性命险危,可谓朝不保夕,国家成为等死的国家,国民成为等死的国民。万事已到了无可奈何的地步,一切都听凭他人作弄,也没有什么值得奇怪的!

  梁任公说:我们中国果真是老大帝国吗?这是今天地球上的一大问

题。如果是老大帝国，那么中国就是过去的国家，即地球上原来就有这个国家，而今渐渐消灭了，以后的命运大概也差不多快完结了。如果不是老大帝国，那么中国就是未来的国家，即地球上过去从未出现这个国家，而今渐渐发达起来，以后的前程正来日方长。要想判断今日的中国是老大，还是少年？则不可不先弄清"国"字的含义。所谓国家，到底是什么呢？那是有土地、有人民、以居住生息在这片土地上的人民，治理他们这块土地上的事情，自己制定法律而自己遵守它；有主权，有服从，人人是有主权的人，人人又是遵守法律的人，如果做到这样，这就可以称之为名符其实的国家。地球上开始有名符其实的国家，只是近百年以来的事。完全名符其实的，是壮年的事情。未能完全合格而渐渐演进成名符其实，是少年的事情。所以我可以用一句话判断他们说：欧洲列国今天是壮年国，而我们中国今天是少年国。

大凡古代中国，虽然有国家的名义，然而并未具备国家的形式。或是作为家族的国家，或是作为酋长的国家，或是作为封建诸侯的国家，或是作为一王专制的国家。虽种类不一样，总而言之，他们对于国家应具备的体制来说，都是有其中一部分而缺少另一部分。正如婴儿从胚胎变成儿童，他身体上一两种肢体器官，先开始发育形成，此外的部分虽已基本具备，但尚未能得到它的用处。所以唐虞尧舜以前为我国的胚胎时代，殷周之际为我国的乳哺时代，从孔子而来直至现在是儿童时代。逐渐发达，至今才开始将进入儿童以上的少年时代。他的发育成长之所以如此迟缓的原因，是历代的民贼阻碍遏止他生机的结果。犹如童年多病，反而像衰老的样子，有的甚至怀疑他死期就要到了，而不知道他全是因为没有完全成长没有名符其实的缘故。这不是针对过去说的，而是放眼未来说的。

况且我们中国的过去，哪里曾出现过所谓的国家呢？不过仅仅有过朝廷罢了！我黄帝子孙，聚族而居，自立于这个地球上既有数千年，然而问一问这个国家叫什么名称，则竟没有名称。前所谓唐、虞、夏、商、周、秦、汉、魏、晋、宋、齐、梁、陈、隋、唐、宋、元、明、清的，都是朝廷的名称罢了。所谓朝廷,乃是一家的私有财产;所谓国家,乃是人民公有的财产。朝代有朝代的老与少,国家也有国家的老与少。朝廷与国家既是不同的事物,那么不能以朝廷的老少指代国家老少的道理就很明白了。文王、武王、成王、康王时代,是周朝的少年时代。至幽王、厉王、桓王、赧王时代,就是周朝的老年时代了。高祖、文帝、景帝、武帝时代,是汉朝的少年时代。至元帝、平帝、桓帝、灵帝时代,就是汉朝的老年时代了。自汉以后各代,没有一个朝代不具有少年时代和老年时代的。凡此种种称为一个朝廷老化是可以的,称为一个国家老化就不可以。一个朝廷衰老将死,犹如一个人衰老将死一样,与我所说的中国有什么相干呢。那么,我们中国,只不过以前尚未出现在世界上,而今才刚刚开始萌芽罢了。天地是多么广大啊,前途是多么辽阔啊,多么美啊我的少年中国!

玛志尼,是意大利三杰中的魁首。因为国家的事被判罪,逃窜到其他国家。于是创立一个会,叫做"少年意大利"。全国有志之士,像云涌雾集一般响应他。最后终于统一复兴旧邦,使意大利成为欧洲一大强国。意大利,乃是欧洲的第一老大帝国。自从罗马帝国灭亡后,全国土地隶属于教皇,政权却归之于奥地利,这大概是所谓衰老而濒临于死期的国家了。但产生一个玛志尼,就能使全国变成少年意大利,何况我们中国确实处在少年时代呢!堂堂四百多个州的国土,凛凛然有四万万国民,难道就不能产生一个像玛志尼这样的人物吗!

龚自珍诗集中有一首诗,题目叫《能令公少年行》。我曾经十分爱读它,喜欢体味它用意的所在。我们国民自己说自己的国家是老大的话,那便果真成老大了;我们国民自己了解自己的国家是少年,那便真是少年了。西方有句民间谚语说:"有三岁的老翁,有百岁的儿童。"那么,国家的老与少,又无确定的形态,而实在是随着国民人心的力量变化而增减的。我既看到玛志尼能使他的国家变成少年国,我又目睹我国的官吏士民能使国家变成老大帝国。我为这一点感到恐惧!像这样壮丽浓郁、风度优美举世无双的少年中国,竟让欧洲和日本人称我们为老大帝国,这是为什么呢?这是因为掌握国家大权的都是老朽之人。非得吟诵几十年八股文,非得写几十年的考卷,非得当几十年的差使,非得熬几十年的俸给,非得递几十年的名帖,非得唱几十年的喏,非得磕几十年的头,非得请几十年的安,否则必定不能得到一官,提升一职。那些在朝中任正副部长以上,外出担任监司以上官职的,一百人当中,其中五官不全的,大概有九十六七人。不是眼瞎就是耳聋,不是手打战就是脚瘸跛,再不就是半身风瘫,他自己自身的饮食走路、看东西、听声音、说话,尚且不能自己处理,必须由三四个人在左右扶着他挟着他,才能过日子,像这样而要叫他担负起国家大事,这与竖起无数木偶而让他们治理天下有什么两样呢!况且那些家伙,自从他少年壮年的时候就本已不知道亚细亚、欧罗巴是什么地方,汉高祖唐太宗是哪一朝皇帝,还嫌他愚笨僵化腐败没有到达极点,又必定要去搓磨他,陶冶他,等他脑髓已经干涸,血管已经堵塞,气息奄奄,与死鬼作邻居之时,然后将我二万里山河,四万万人命,一举而交付在他手中。真可悲啊!老大帝国,确实是老大啊!而他们那些人,积聚了自己几十年的八股、白折、当差、捱俸、手本、唱喏、磕头、请安,千辛万苦,千苦万辛,才刚刚得到这个红顶花翎的官服,中堂大人的名号,于是使出他全副的精神,用尽他毕生的力量,以保持它。就像那乞丐拾到金子一锭,虽然轰隆隆的响雷盘旋在他的头顶上,而双手仍紧抱着他装钱的囊袋,其他的事情就不是他想顾及,不是他想知道,不是他想听到的了。在这个时候你告诉他要亡国了,要瓜分了,他怎么会跟从你听这些消息,怎么会跟从你相信这些消息!即使果真亡了,果真被瓜分了,而我今年已七十岁了,八十岁了,但只求这一两年之内,洋人不来,强盗不起,我已快活地过了一世了!如果不得已,就割让两三个省的土地双手献上以示恭贺敬礼,以换取我几个衙门;卖几百万人民作为仆人奴隶,以赎取我一条老命,有什么不可?有什么难办?真是可悲啊!今天所谓的老后、老臣、老将、老吏,他们修身齐家治国平天下的手段,全都在这里了。西风一夜催人老,凋尽朱颜白尽头。让走无常来当医生,携着催命符以祝寿,唉,令人悲痛啊!以用这样的办法来统治国家,这哪能不老而将死呢,甚至我怕他未到年岁就夭折了。

梁任公说:造成今天衰老腐朽中国的,是中国衰老腐朽人的罪孽。创建未来的少年中国的,是中国少年一代的责任。那些衰老腐朽的人有什么可说的,他们与这个世界告别的日子不远了,而我们少年才是新来并将与世界结缘。如租赁房屋的人一样,他们明天就将迁到别的地方去住,而我们今天才搬进这间屋子居住。将要迁居别处的人,不爱护这间屋子的窗户,不清扫治理这间房舍的庭院走廊,这是俗人常情,又有什么值得奇怪的!至于像我们少年人,前程浩浩远大,回顾辽阔深远。中国如果成为牛马奴隶,那么烹烧、宰割、鞭打的惨酷遭遇,只有我们少年承受。中国如果称霸世界,主宰地球,那么发号施令左顾右盼的尊贵光荣,也只有我们少年享受;这对于那些气息奄奄将与死鬼做邻居的老朽有什么关系?他们如果漠然对待这一问题还可以说得过去。我们如果漠然地对待这一问题,就说不过去了。假如使全国的少年果真成为充满朝气的少年,那么我们中国作为未来的国家,它的进步是不可限量的;假如全国的少年也变成衰老腐朽的人,那么我们中国就会成为从前那样的国家,它的灭亡不久就要到来。所以说今天的责任,不在别人身上,全在我们少年身上。少年聪明我国家就聪明,少年富裕我国家就富裕,少年强大我国家就强大,少年独立我国家就独立,少年自由我国家就自由,少年进步我国家就进步,少年胜过欧洲,我国家就胜过欧洲,少年称雄于世界,我国家就称雄于世界。红日刚刚升起,道路充满霞光;黄河从地下冒出来,汹涌奔泻浩浩荡荡;潜龙从深渊中腾跃而起,它的鳞爪舞动飞扬;小老虎在山谷吼叫,所有的野兽都害怕惊慌,雄鹰隼鸟振翅欲飞,风和尘土高卷飞扬;奇花刚开始孕起蓓蕾,灿烂明丽茂盛茁壮;干将剑新磨,闪射出光芒。头顶着苍天,脚踏着大地,从纵的时间看有悠久的历史,从横的空间看有辽阔的疆域。前途像海一般宽广,未来的日子无限远长。美丽啊我的少年中国,将与天地共存不老!雄壮啊我的中国少年,将与祖国万寿无疆!

作者简介:略

点评：

梁启超的《少年中国说》，充分体现了梁启超文章的特点，大气磅礴，汪洋恣肆，他在论理当中的情感爆发，如大海涨潮之波浪，从天接踵而来，我们不妨把他的这种挟裹着情感的议论，称之为"议论波"。

文章伊始，情感即发，先以日本称我中国为老大帝国为引子，接着是情感爆发式的反问与回答："我中国其果老大矣乎？任公曰：恶！是何言！是何言！吾心目中有一少年中国在！"一句之中，连用了两个感叹词"呜呼"、"恶"，两个重复反诘语："是何言！是何言！"然后是反驳性的肯定回答："吾心目中有一少年中国在！"由于语势运用的自然流畅，而尤其是对祖国情感的代表性意义，一下就把读者的情感调动起来。

在下面的论述中，作者运用一连串系列的对比论述和精妙的比喻，叙述"老"与"少"的区别，推及于国家："此老年人与少年人性格不同之大略也。任公曰：人固有之，国亦宜然。"

顺接此论，文章接下来先以古诗人老坐回忆过去中外等等辉煌业绩，而今已成过去，因此人老心衰，灰心气短，故而大声疾呼："普天下灰心短气之事，未有甚于老大者。于此人也，而欲望以拿云之手段，回天之事功，挟山超海之意气，能乎不能？"

于是，文章回忆了中国过去的辉煌时期，而观照当时中国的情形："昨日割五城，明日割十城，处处雀鼠尽，夜夜鸡犬惊。十八省之土地财产，已为人怀中之肉；四百兆之父兄子弟，已为人注籍之奴"，因此，作者叹息："国为待死之国，一国之民为待死之民。万事付之奈何，一切凭人作弄，亦何足怪！"

由此，作者提问：我中国果其老大矣乎？他论述了"国家"的法理意义"夫国也者，何物也？有土地，有人民，以居于其土地之人民，而治其所居之土地之事，自制法律而自守之；有主权，有服从，人人皆主权者，人人皆服从者。夫如是，斯谓之完全成立之国"，由此而论，作为"国家"，"欧洲列邦在今日为壮年国，而我中国在今日为少年国"。作者的论述意味着，一个真正意义上的国家，中国尚未建立，但"我们"正在建立中，因此,我们期待这一个"少年中国"的出现。

接着此论,作者深刻地指出:"中国畴昔,岂尝有国家哉?不过有朝廷耳!"一个朝廷老死,并不等于一个国家的老死,因此,作者说:"然则,吾中国者,前此尚未出现于世界,而今乃始萌芽云尔。天地大矣,前途辽矣。美哉我少年中国乎!"我们说的中国,是我们即将建立的新的中国,立论之有理,推论之有力,正是面向世界,图强破壁的中国有志有识之士的共有之识。他进一步深刻地指出:"使欧西日本人谓我为老大者,何也?则以握国权者皆老朽之人也。"他指出,为什么西方日本称我们为"老大之国",不是因为别的,而是因为"握国权者皆老朽之人也!"他痛批了那些腐朽卖国的行径:

而彼辈者,积其数十年之八股、白折、当差、挨俸、手本、唱诺、磕头、请安,千辛万苦,千苦万辛,乃始得此红顶花翎之服色,中堂大人之名号,乃出其全副精神,竭其毕生力量,以保持之。如彼乞儿拾金一锭,虽轰雷盘旋其顶上,而两手犹紧抱其荷包,他事非所顾也,非所知也,非所闻也。于此而告之以亡国也,瓜分也,彼乌从而听之,乌从而信之!即使果亡矣,果分矣,而吾今年七十矣,八十矣,但求其一两年内,洋人不来,强盗不起,我已快活过了一世矣!若不得已,则割三头两省之土地奉申贺敬,以换我几个衙门;卖三几百万之人民作仆为奴,以赎我一条老命,有何不可?有何难办?呜呼!今之所谓老后、老臣、老将、老吏者,其修身齐家治国平天下之手段,皆具于是矣。

因此,作者提示中国的年轻一代:"造成今日之老大中国者,则中国老朽之冤业也。制出将来之少年中国者,则中国少年之责任也。彼老朽者何足道,彼与此世界作别之日不远矣,而我少年乃新来而与世界为缘",老朽们造成了今日"老大"的中国,而我们,"少年"们的责任,是制出将来的少年中国!

文章在那一段著名的少年与中国的鼓舞人心,激动人心的论述抒情中结束：

　　故今日之责任，不在他人，而全在我少年。少年智则国智，少年富则国富；少年强则国强，少年独立则国独立；少年自由则国自由，少年进步则国进步；少年胜于欧洲则国胜于欧洲，少年雄于地球则国雄于地球。红日初升，其道大光。河出伏流，一泻汪洋。潜龙腾渊，鳞爪飞扬。乳虎啸谷，百兽震惶。鹰隼试翼，风尘吸张。奇花初胎，矞矞皇皇。干将发硎，有作其芒。天戴其苍，地履其黄。纵有千古，横有八荒。前途似海，来日方长。美哉我少年中国，与天不老！壮哉我中国少年，与国无疆！

　　读梁启超《少年中国说》，你总能够从这篇文章中找到鼓舞人心的力量，总能够汲取他那面对世界面对未来充满信心的精神。
　　这首先是他论述的汪洋气势，和这气势中所包含的伟大精神，那奔驰而来、一泻千里的文气，那精辟的论述中，他通过古今中外历史的展示，发现了人所不能领悟的深刻道理。
　　其次是"笔锋常带情感"的激情论述，或者叫抒情性的论述，这是梁启超"新文体"的一大特色。《少年中国说》逐层论证的严密逻辑，是顺着情感的奔流，纵笔而成。情感爆发，像江水出峡后的汪洋恣肆，尤其是对"少年中国"的未来的热切追求，美好向往，让人觉得天空海阔前程无量，文章虽然结束，而激情正在燃烧。
　　而这一切，从语言上来说，梁启超语言形象的可感性、生动性和丰富性，令人叹为观止。梁启超把传统散文创造出的意象体系，大大地扩展了、丰富了。其写"老"则不仅用"夕照"，用"瘠牛"、用"秋柳"、用"陨石"，用浔阳江头的琵琶妇，西宫南内的白发女等等民族的、传统的、为人熟知的形象，作多侧面的揭示，而且大量地运用了新时代、新生活、新知识、新事物提供的丰富形象。诸如"死海"、"金字塔""西伯利亚大铁路"，拿破仑的流放，阿剌飞（或译阿拉比帕沙）的幽囚，玛志尼的革命等等，自然而然地把读者的目光引向中华帝国之外的广阔世界。让人在形象的感染中不知不觉中领悟到论述的深刻性。

梁启超"新文体"在文学语言上的独创性,适应了历史本身对文学语言变革提出的要求,所以难怪梁启超的"新文体"一出现,学者竞相仿效,而使"文界革命"成为不可阻挡的历史潮流。由此可见,在中国近代历史上,梁启超不仅是传播西方资产阶级学术文化的卓越的宣传家,而且是赋予新的资产阶级思想以新的语言文字形式的杰出的文学家。这篇《少年中国说》,正是其典型代表之一,我们欣赏之余,对今天的为文之道,也是大有启发的。

论逆境

(英)培根

"一帆风顺固然令人羡慕,但逆水行舟则更令人钦佩。"这是塞涅卡效仿斯多派哲学①讲出的一句名言②。确实如此。如果奇迹就是超乎寻常,那么它常常是在对逆境的征服中显现的。塞涅卡还说过一句更深刻的格言:"真正的伟大,即在于以脆弱的凡人之躯而具有神性的不可战胜。"这是宛如诗句的妙语,其境界意味深长。

古代诗人在他们的神话中曾描写过:当赫克里斯去解救盗火种给人类的英雄普罗米修斯的时候,他是坐着一个瓦罐漂渡重洋的③。这个故事其实也正是人生的象征:因为每一个基督徒,也正是以血肉之躯的孤舟,横游在波涛翻滚的人生海洋的。

面对幸运所需要的美德是节制,而面对逆境所需要的美德是坚韧,从道德修养而论,后者比前者更为难能。所以,《圣经》之《旧约》把顺境看作神的赐福,而《新约》则把逆境看作神的恩眷④。因为上帝正是在逆境中才会给人以更深的恩惠和更直接的启示。

如果你聆听《旧约》诗篇中大卫的竖琴之声,你所听到的那并非仅是颂歌,还伴随有同样多的苦难哀音。而圣灵对约伯所受苦难的永远远比对所罗门财富的刻画要更动人⑤。

一切幸福都绝非没有忧虑和烦恼,而一切逆境也都绝非没有慰藉与希望。

最美好的刺绣,是以暗淡的背景衬托明丽的图案,而绝不是以暗淡的花朵镶嵌于明丽的背景上。让我们从这种美景中去汲取启示吧。

人的美德犹如名贵的檀木,只有在烈火的焚烧中才会散发出最浓郁的芳香。正如恶劣的品质会在幸福而无节制中被显露一样,最美好的品质也正是逆境中而灼放出光辉的。

注释：

①斯多葛哲学，有禁欲，苦行主义之称，故言。

②塞涅卡(4—65)，古罗马斯多派哲学家。

③赫克里斯，希腊神话之大力士。普罗米修斯，盗天火给人类者，因触怒宙斯而被缚于高加索之山。被赫克里斯所解放。

④《圣经》的《旧约》，劝诫人类信仰上帝以获取幸福。《新约》则劝诫人类要承受因信仰而可能招致的痛苦。

⑤见《圣经·约伯记》。所罗门，《圣经》中的古代著名国王，富有智慧。约伯·希伯来之族长，一生含辛茹苦而侍奉上帝。

作者简介：

弗朗西斯·培根(1561—1626)是英国唯物主义哲学家、思想家和科学家，被马克思称为"英国唯物主义和整个现代实验科学的真正始祖"。生于贵族家庭，是掌玺大臣和大法官（王国最高法律官职）古拉斯·培根爵士的幼子。后于1618也成了大法官。晚年脱离政治活动，专门从事科学和哲学研究。主要著作有：《新工具》、《学术的进步》、《新大西岛》、《亨利七世本纪》等。代表作《新工具》，在近代哲学史上具有划时代的意义和广泛的影响，哲学家由此把它看成是从古代唯物论向近代唯物论转变的先驱。

培根学识渊博且通晓人情世故，对谈及的问题均有发人深省的独到见解，《随笔集》共58篇，内容涉及人类生活的方方面面。语言简洁，文笔优美，说理透彻，警句迭出，几百年来深受各国读者喜爱。

点评：

除了培根散文的一贯特色，清新优美，语言如诗，本篇《论逆境》的特点还多引用优美名句和典故。当你理解了塞涅卡美丽的格言警句，理解了希腊英雄的动人故事,理解了《圣经》的意旨,当你想象琴声带给你的心灵触动,想象刺绣的美图规律,最后美丽如诗的格言警句式的句子,当然会使你格外感动:"人的美德犹如名贵的檀木,只有在烈火的焚烧中才会散发出最浓郁的芳香。正如恶劣的品质会在幸福而无节制中被显露一样,最美好的品质也正是逆境中而灼放出光辉的。"

《论逆境》,全是由内容充实,寓意深刻的历史典故、美丽传说构成,你完全是在诗一般的优美表达中,不知不觉地相信了——经过逆境考验的品质,才放出最美的光辉!

《论逆境》确实是一篇很有特色的美文。

论 美

（英）培根

　　美德好比宝石，它在相互背景的衬托下反而更华丽。同样，一个打扮并不华贵却端庄严肃而有美德的人是令人肃然起敬的。

　　美貌的人并不都有其他方面的才能。因为造物是吝啬的，他给了此就不再予以彼。所以许多容颜俊秀的人却一无作为，他们过于追求外形美而放弃了内在美。但这话也不全对，因为奥古斯都、菲斯帕斯、腓力普王、爱德华四世、阿尔西巴底斯、伊斯梅尔等，都既是大丈夫，又是美男子。

　　仔细考究起来，形体之美要胜于颜色之美，而优雅行为之美又胜于形体之美。最高的美是画家所无法表现的，因为它是难于直观的。这是一种奇妙的美。曾经有两位画家——阿皮雷斯和丢勒滑稽地认为，可以按照几何比例，或者通过摄取不同人身上最美的特点，用画合成一张最完美的人像。其实像这样画出来的美人，恐怕只有画家本人喜欢。美是不能制订规范的，创造它的常常是机遇，而不是公式。有许多脸型，就它的部分看并不优美，但作为整体却非常动人。

　　有些老人显得很可爱，因为他们的作风优雅而美。拉丁谚语说过："晚秋的秋色是最美好的。"而尽管有的年轻人具有美貌，却由于缺乏优美的修养而不配得到赞美。

　　美犹如盛夏的水果，是容易腐烂而难保持的。世上有许多美人，他们有过放荡的青春，却迎受着愧悔的晚年。因此，把美的形貌与美的德行结合起来吧。只有这样，美才会放射出真正的光辉。

作者简介：略

点评：

　　培根的随笔思想深邃，而论述清新优美，读之如诗。他的论述具有哲理，但他的论述决不干巴巴，简洁明了却娓娓而诉，常有精当的比喻，常引用优美的名诗名句，常以历史名人作为例子，因此，读培根的随笔，确是一种享受。

　　《论美》也是这样的一篇随笔。

　　文章开头以宝石作比喻，无疑首先带来的就是美。以宝石喻人的美德，所以打扮并不华丽而具有美德的人，是令人肃然起敬的。这里的用词"肃然起敬"，十分准确，对这样的"美"的定位很公允，我们常人简单地说"内在美才是美"，其实是难以说服人的。

　　接下来他用历史上的既是伟人又是美男子的人，说明了美型和美德的结合，主张不要只追求外在美而放弃内在美。

　　他接着论述颜色美、形体美和行为美的层次区别，但他论述的"最高的美"十分奇妙而具有哲学味，也具有人们普遍的心理认同——真正的美，是无法言传的，是画家无法表现的。我们不难理解，实际上，他这里说的是气质和风度，这是因人而异的心灵美，是无法有一个固定的标准可以给画家的。

　　因此，他说有的老人很可爱，因为他们作风优雅。"可爱"这个词，又是十分准确的，如果你说老人因为作风优雅就是"美丽漂亮"的，恐怕就难以使人信服了。

　　也因此他说外在的美就像水果是容易腐烂的，所以放荡的青春会带来晚年的愧悔。最后他以劝喻的口吻说："把美的形貌与美的德行结合起来吧。只有这样，美才会放射出真正的光辉。"这句话已经成为含义深刻的诗句了。

论无所事事

(法)蒙　田

我们看到,很多肥沃富饶的荒地却长着千百种无用的野草,要将它们利用起来,为我们服务,就得播上种子。有些妇女独自生出一大堆丑陋的生命,而要有正直、真实的一代,就必须对她们另外播种。人的思想也如此。如果不让大脑有事可做,有所制约,它就会在想象的旷野中驰骋,有时就会迷失方向。

> 当都会在青铜盆里颤动,
> 反射出阳光或月光,
> 灿烂的光芒会在空中飞舞,
> 一直升到天花板上。
> 　　　　　　　——维吉尔
>
> 骚动的心灵产生的不是疯狂,就是梦幻。
> 犹如病人做梦,
> 幻觉丛生。
> 　　　　　　　——贺拉斯

思想没有明确的目标就会迷失方向。正如有人说的,无处不在就等于无处所在。

> 马克西姆,无处不在,就是无处所在。
> 　　　　　　　——塞涅克

最近我退隐在家①,决定尽量好好休息,不管他事以度余生,仿佛让

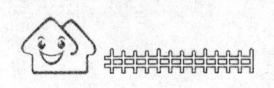

我的思想无所事事,自由地运转和休息,这是对它的最大的爱护。我指望这样做脑子会更加运转自如,随着时间的推移,会越来越成熟。但我觉得事与愿违。

大脑无所事事,就会胡思乱想。

——卢卡努

它就像脱缰的野马,成天有想不完的事,要比给它一件事思考时还要多想一百倍;我脑海里幻觉丛生,重重叠叠,杂乱无章。为了能够随时细察这种愚蠢和奇怪的行为,我开始将之一一笔录下来,指望日后会自感羞愧。

注释:

① 退隐时间是 1571 年。

作者简介:

蒙田(1533—1592),文艺复兴时期法国作家,以《随笔集》三卷留名后世。他是启蒙运动以前法国的一位权威学者和批评家。蒙田《随笔集》因其丰富的思想内涵而闻名于世,被誉为"思想的宝库"。

蒙田是欧洲近代散文的创始人。随笔全集共 107 章,是法国近代第一部散文集。《蒙田随笔》于 1580—1588 年分三卷在法国先后出版。自此以后,他的作品就再也没有绝版过。到今天,世界上所有的书面语言都可以读到它。它与培根《人生论》、帕斯卡尔《思想录》一起,被人们誉为欧洲近代哲理散文三大经典。

蒙田的名声在 17 世纪已远播海外,在英国,培根的《散文集》就深受蒙田的影响。经过四百余年的考验,历史证明了蒙田与莎士比亚、苏格拉底、米开朗琪罗一样是一位不朽的人物,他的随笔如他自己所说的那样,是"世上同类体裁中绝无仅有的"。

爱默生在日记中提到《随笔集》:"剖开这些字,会有血流出来;那是有血管的活体。"尼采谈到蒙田:"世人对生活的热情,由于这样一个人的写作而大大提高了。"房龙在评价蒙田《随笔集》时说:大臣们的演讲和政治哲学家的论文极少受人欢迎,但蒙田的书却在以智慧之士座谈会的名义下聚在一起的文明人中阅读、翻译和讨论,并且持续达三百多年之久。

孟德斯鸠说:"在大多数作品中,我看到了写书的人;而在这一本书中,我却看到了一个思想者。"

点评:

《论无所事事》是蒙田随笔当中最短的篇章之一,是一篇十分有意思的短文。

蒙田的随笔有三大特色:第一是作者参与性很强,他自己宣称他的随笔素材就是他自己。因此他的随笔强烈地反映出他的思想感情。第二是他的随笔知识性特别强,而他的随笔所涉及的知识,多是欧洲重要历史事件和人物,通过对这些事件人物的演绎,表达了作者自己的思想,因此他的随笔被称为"思想的宝库"。第三是体现了欧洲当时散文的特色,多喜欢引用名人诗句和名言,使随笔十分清新可爱。这也是他的随笔知识性很强的一个组成方面。他的随笔对英国的培根影响很大,所以培根的随笔也具有这样的清新特色。

《论无所事事》选材就很好,这的确是很多人感到困惑的一个问题。而蒙田通过著名诗人们的美丽论述和自己的亲身感受,以及自己的行为,告诉大家,无所事事会导致胡思乱想,结果使自己迷失人生的方向,因此一定要找一些有意义的事情来做。

文章简明扼要,穿插以著名诗人的诗句,简单却灵活,形式并不复杂而思想却具有深度。阅读后,你会增加有益的知识和思想认识。这也是蒙田随笔广受欢迎的重要原因。读蒙田随笔,哪怕当中很长的篇章,你也不会觉得累,因为他的文章中充满了事件和名诗名句,往往充满了事件的细节,而作者对这些事物的评论,十分有见地却不故作高深,没有艰深感。

本文开头的一连串比喻和兴起,也很有意思,将荒地和生而不养的女人放在一起,对于本文主题,确有相通的意义,但荒地与女人作为物质却相去甚远,这种修辞的奇怪和谐,就使人感到很有意思。

文章的最后,以自己作说明,证明你越是让大脑"休息"(即无所事事),它偏偏休息不下来,而导致胡思乱想,"它就像脱缰的野马,成天有想不完的事,要比给它一件事思考时还要多想一百倍;我脑海里幻觉丛生,重重叠叠,杂乱无章"。这样有意思的形象化句子,使人会心愉悦。

而他的处理办法更使人感到有趣:"为了能够随时细察这种愚蠢和奇怪的行为,我开始将之一一笔录下来,指望日后会自感羞愧。"文章戛然而止。

当然,"一一笔录"的结果,日后不但没有使他羞愧,一部伟大的著作就此产生。

文章确实是作者自己的思想,而无故作高深实为浅薄的套话,这样清新明了的思想性文章,值得学习效仿。

图书在版编目(CIP)数据

议论文三步上篮 / 申元初编著. —贵阳：贵州人民出版社，2013.9(2021.3 重印)

ISBN 978-7-221-11285-9

Ⅰ. ①议… Ⅱ. ①申… Ⅲ. ①议论文 – 写作 – 中小学 – 教学参考资料 Ⅳ. ①G634.343

中国版本图书馆 CIP 数据核字(2013)第 201304 号

议论文三步上篮

申元初　编著

出版发行	贵州出版集团　贵州人民出版社
地　　址	贵阳市中华北路289号
责任编辑	徐　一
封面设计	连伟娟
印　　刷	三河市腾飞印务有限公司
规　　格	850mm×1168mm　1/16
字　　数	100千字
印　　张	8.5
版　　次	2014年7月第1版
印　　次	2021年3月第2次印刷
书　　号	ISBN 978-7-221-11285-9　定　价:22.00元

"快乐阅读"书系首批书目

语文知识类
秒杀错别字
点到为止
　　——标点符号的正确使用
当心错读误义
　　——速记多音字
错词清道夫
巧学妙用汉语虚词
别乱点鸳鸯谱
　　——汉语关联词的准确搭配
似是而非惹的祸
　　——常见语病治疗
难乎？不难！
　　——古汉语与现代汉语句法比较

作文知识类
议论文三步上篮
说明文一传到位
快速格式化
　　——常见文体范例

数学知识类
情报保护神——密码

来自航海的启发——球面几何
骰子掷出的学问——概率
数据分析的基石——统计

文学导步类
中国诗歌入门寻味
中国戏剧入门寻味
中国小说入门寻味
中国散文入门寻味
中国民间文学入门寻味

文学欣赏类
中国历代诗歌精品秀
中国历代词、曲精品秀
中国历代散文精品秀

语言文化类
趣数汉语"万能"动词

个人修养类
中国名著甲乙丙
世界名著ABC